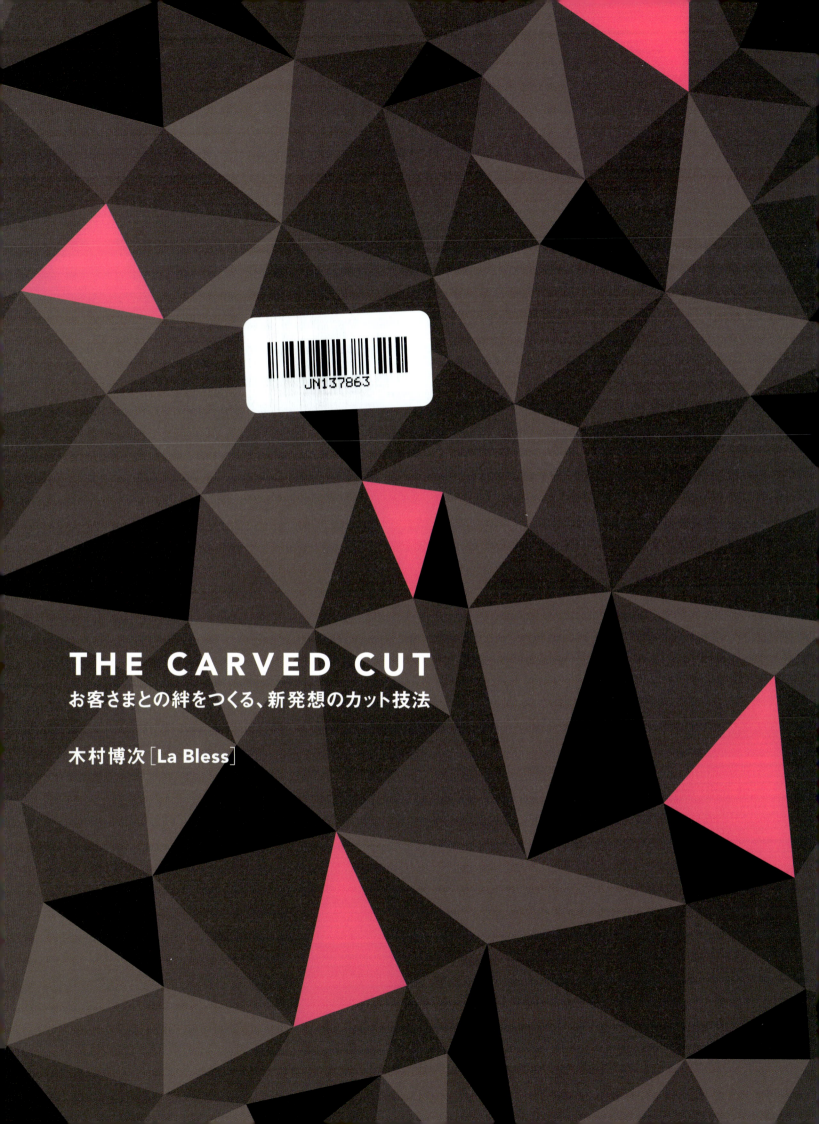

THE CARVED CUT
お客さまとの絆をつくる、新発想のカット技法

木村博次［La Bless］

CONTENTS

PROLOGUE	001
目次	004
INTRODUCTION	**006**
「カーブドカット」って何!?	006
「カーブドカット」技術&用語マップ	008

CHAPTER 1 カーブドカットをはじめよう
〜進め方、切り方、考え方〜

カーブドカットを学ぶ順番	012
1. カーブドカットの「進め方」を知る	**013**
7つのブロックカット	014
セイムプロセスカット	016
ノーガイドカット	017
2. カーブドカットの「切り方」を知る	**019**
バックチョップ	020
リードストローク	021
Rカット	022
3. カーブドカットの「考え方」を知る	**023**
ミラーカット	024
スカルプチャーカット	026
カーブドカット テクニックQ&A	028

CHAPTER 2 カーブドカットの「三種の神技(じんぎ)」を切ろう
〜マスターすべきスタイルの「型」〜

「三種の神技」とは	030
「三種の神技」の練習方法	031
1. 「ショートレイヤー」を切ろう	**032**
2. 「ロングレイヤー」を切ろう	**038**
3. 「ボブ」を切ろう	**043**

「カットが好き?」と聞かれて
「はい」と答えられますか?

この本でご紹介する「カーブドカット」は、すべてのスタイルを同じプロセスで切る、シンプルなカット技法。基本的な5つの技法と、ベースとなる3つのスタイルさえマスターすれば、どんなヘアデザインにも対応できるようになります。このテクニックはきっと、美容に携わる皆さんの人生を、切り拓く力になることでしょう。カーブドカットを通じて、カットが好き、美容が好きと、胸を張って言える人が増えたら幸いです。

―― 木村博次[La Bless]

CHAPTER 3

カーブドカットの
バリエーションを増やそう
~「三種の神技」を元にしたデザイン展開~

「三種の神技」を覚えたら、
デザインのバリエーションを増やそう!　　　　052

1.「ショートレイヤー」からのデザイン展開　　054
A：ショートレイヤーから「ベリーショート」をつくる　　055
B：ショートレイヤーから「やわらかショート」をつくる　　060

2.「ロングレイヤー」からのデザイン展開　　062
A：ロングレイヤーから「ミディアム」をつくる　　063
B：ロングレイヤーから「ひし形シルエット」をつくる　　067

3.「ボブ」からのデザイン展開　　070
A：ボブから「前下がりボブ」をつくる　　071
B：ボブから「前上がりボブ」をつくる　　077

CHAPTER 4

カーブドカットを
サロンワークに活用しよう
~自由につくり上げるサロンスタイル~

1. 常連のお客さまへのカーブドカット　　082
~ショートでスタイルチェンジ~

2. 初来店のお客さまへのカーブドカット　　090
~ミディアムでシルエットチェンジ~

3. リピートのお客さまへのカーブドカット　　096
~ロングでレングスをキープ~

COLUMN

「カーブドカット」ができるまで
木村博次ヒストリー　　050

『La Bless』のカット教育カリキュラム
カーブドカットが大活躍!　　080

EPILOGUE　　102

「カーブドカット」って何!?

What is Carved Cut?

INTRODUCTION

[CARVED CUT]

①少しずつ刻んでつくり上げる ②運命を切り拓く

つまり…
↓

髪を少しずつ切っていくカット

カーブドカットの「カーブ」とは、英語で「少しずつ刻む」という意味の"CARVE"。「曲げる」を意味する"CURVE"とは異なります。カーブドカットはその名の通り、髪を少しずつ削って思い通りに形づくっていくカット技術。基本的な要素をしっかり覚えれば、各々の好みに合わせて無限に応用でき、運命を切り拓くカギとなる、画期的なスキルなのです。

［いままでの常識を超えた「カーブドカット」］

他のカットと何が違うの？

カーブドカットには、切り方からサロンワークの進め方に至るまで、これまでのカット技術体系とは一線を画す特徴が、たくさんあります。ここでは、その大まかなポイントをお教えします。

INTRODUCTION

切った「あと」の形を重視

カーブドカットを練習したり実践したりするときには、髪を「どのくらい、どのように切るか」ではなく「どこまで切って、どんな形を残すか」を重視します。ちょっとした違いに思えるかもしれませんが、この意識が、カーブドカットの有用性を裏付ける、大切な要素なのです。

ルールが少なくて覚えやすい

カーブドカットの主要な技術は、整理すると大きく5項目に分けられます（次ページから詳しく説明）。これらのシンプルな要素さえ覚えれば、あとは自由な発想のままに、サロンワークで活用できます。これまでに体得した技術と組み合わせることも可能。

完全にお客さま目線のカット

カーブドカットのルールは、その大半が「お客さま目線」で組み立てられています。鏡の中で刻一刻と変化していく自分の髪……。そんな、サロンワーク中にお客さまが抱く不安を、解消するためのポイントがいっぱい。お客さまとの結びつきがより高まります。

カーブドカットの技術&用語マップ

カーブドカットを学ぶ上で必要な技術名や各用語の概要を、体系立てて説明します。

考え方 CONCEPT

カーブドカットの全ての技術は、この2つの考え方がベースになっています。ただ髪を切るだけでなく、お客さまの気持ちを考えたサロンワークの組み立て方。カーブドカットを学ぶ者が常に意識すべき基本の要素です。

1 | ミラーカット …P.024

常にお客さまの目の前にある「鏡」を意識した考え方。技術者は実際の髪ではなく、鏡に映る髪を見てスライスをとり、鏡を見ながらカットする。

2 | スカルプチャーカット …P.026

「スカルプチャー」=「彫刻」。狙ったスタイルを最短で目指すのではなく、お客さまとのコンセンサスをとりながら、少しずつ理想の形に近づけていく方法。

カーブドカット SYSTEM

INTRODUCTION

切り方
SKILL

カーブドカット独自の「切り方」は主に3種類。それぞれに有効な使い方があり、ウエットカットでの形づくりからドライカットでの質感づくりまで、幅広く応用できます。

1 | バックチョップ …P.020

毛先側に向ってシザーズを動かすチョップカット。カーブドカットでもっとも頻出する技術。

2 | リードストローク …P.021

ラフで時代性のある質感づくりに欠かせない技術。特にドライカットでの質感づくりに便利。

3 | Rカット …P.022

毛先に丸みを持たせたい時に使用するカット。主に顔まわりやラインの処理などで活躍。

4 | ブラントカット
5 | チョップカット

カーブドカットでは、すでに身につけているカット技術を応用することも可能。本書では、ポピュラーな上記2つのカットも使用している。

進め方
PROCESS

カット技術に欠かせない、「ブロック」、「スライス」、等の概念。カーブドカットでのこれらは、とてもシンプル。限られたパターンを、いかようにも活用できます。この、3つの「進め方」と、先の2つの「考え方」を併せた「5つの技術」を、常に意識します。

1 | 7つのブロックカット …P.014

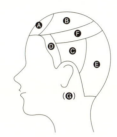

全頭を、常に共通の7ブロック（左右合わせて全9ブロック）に分けてとらえる方法。覚えやすいことはもちろん、ブロックごとに髪の状態を確認しながら進められるので、他のブロッキング法に比べて失敗が少ない。

2 | セイムプロセスカット …P.016

全頭のほぼすべてのパネルを縦スライスのみで引き出す方法。スタイルによってスライス取りが変わらないので、初心者でも技術を覚えやすい。また、求める形を比較的容易につくれるので、失敗が少ない。

3 | ノーガイドカット …P.017

通常、あるセクションを切るときには、パネルを1線切り、そこをガイドに「つなげて」いく。カーブドカットでは発想を転換し、パネルはすべて「落ちる位置」、「ほしい位置」を基準に切る。

CHAPTER

1

カーブドカットを
はじめよう

進め方、切り方、考え方

カーブドカットの技術体系を構成するさまざまな要素。
まずは、その1つひとつについて、じっくり理解を深めていきましょう。
技術の全貌を把握できれば、
CHAPTER 2 以降の練習もグッと効率的になります。

カーブドカットを学ぶ順番

本書は、カーブドカットを最短の時間でマスターするために、構成されています。
読者のみなさんに、各章で身に付けてほしいことを下記にまとめました。

CHAPTER 1 で、基本的な要素を確認!

1 「進め方」を知り
2 「切り方」を知り
3 「考え方」を知る

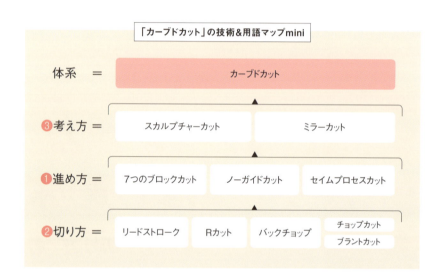

第1章では、INTRODUCTIONで確認した、カーブドカットの基本要素について、詳しくその方法を見ていく。P.008の「技術&用語マップ」で紹介した順番ではなく、まず頭の形のとらえ方やデザインの組み方(=「進め方」)を、次に具体的な「切り方」を、最後に、それらの技術をつかうときの心構え(=「考え方」)をと、カットを覚えるのに効率がいい順序で学ぶ。

CHAPTER 4 で 人頭に施術する!

ウイッグでの練習を終えたら、いよいよ人頭にカーブドカットを展開しよう。それまでの章以上に、カーブドカットの「考え方」を大切に、お客さま(モデル)と心を通わせながら、スタイルを完成させる。

CHAPTER 3 で 応用の仕方を知る!

第3章では、「三種の神技」をさらに2スタイルに展開させる。ドライカットを駆使した質感づくりの方法もここで学ぶ。この派生の方法を覚えるころには、カーブドカットを好みのスタイルに自由に応用できるようになっているはず。

CHAPTER 2 で 練習方法を覚える!

本章で学んだ内容を実際に練習するには、カーブドカットの練習用の型、「三種の神技」を使う。まずはこの3つのスタイルを確実に切れるようになるまで練習し、基本的な技術を身に着ける。

PROCESS 1

カーブドカットの「進め方」を知る

お客さまやウイッグを前にして、ハサミを入れる前にまず考えなければいけないのは、
「頭をどうとらえるか」と「カットをどう進めていくか」の決定。
カーブドカットにおけるそれらの判断は、以下の3つが基準となります。

7つのブロックカット
どこから切り始めても全てがつながる
P.014

カーブドカットでは、全てのスタイルにおいて、まったく同じ7種類のブロックをとる。各ブロックの範囲は、求めるスタイルによって調整。また、各ブロックともに独立しているので、どのブロックから施術してもOK。

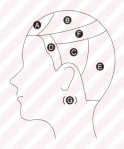

ノーガイドカット
ガイドにとらわれず髪の落ちる位置を見て切る
P.017

通常のカットのように、「ガイド」を決めてそこに「つなげて」いくことをしないのが、カーブドカットの大きな特徴。各パネルとも独立させて考え、それぞれのパネルに一番適したカットを施していく。

セイムプロセスカット
どんなスタイルでも1つの切り方で切れる
P.016

すべてのスタイルに共通して、「トップ」と「ライン」以外のブロック内では「縦スライス」をとってパネルを引き出す。この決まりがあるため、レングスやレイヤー構成の異なるスタイルでも常に迷わず施術ができる。

7つのブロックカット
Seven blocks cut

どこから切り始めても全てがつながる

スタイルを設計するときのブロッキング。
カーブドカットなら、以下のようにブロックが決まっているので、迷う必要がありません。

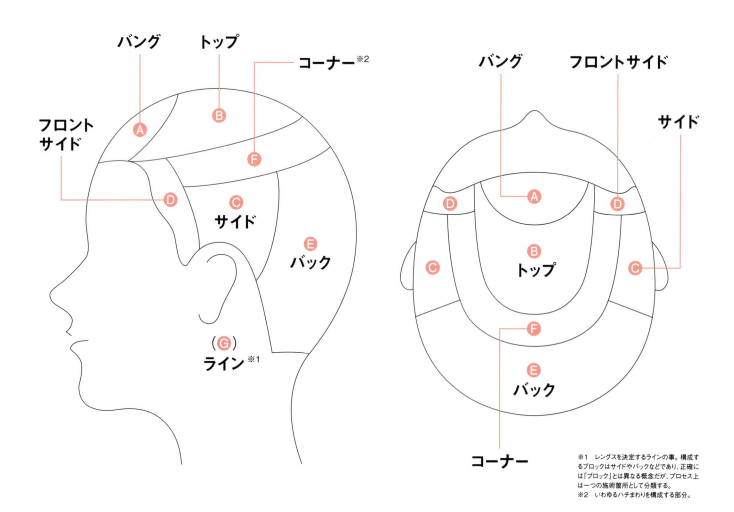

※1　レングスを決定するラインの事。構成するブロックはサイドやバックなどであり、正確には「ブロック」とは異なる概念だが、プロセス上は一つの施術箇所として分類する。
※2　いわゆるハチまわりを構成する部分。

ブロッキングなし！
プロセスの組み立て自由自在

カーブドカットでつくるスタイルのプロセスはすべて、上記の7種類のブロックが基準。ブロックの範囲はスタイルによって調整可能な上、施術順も自由なので、さまざまな状況に応用させられる。実際のカットではブロッキングをせずに施術を進める。

Point! どこから切り始めてもつながる理由は「セーフティーカット」

「セーフティーカット」とは、各ブロックの最後の1線を切るときに、それまで切っていたブロック側へパネルを倒して切ること。すると、わずかに長い髪がパートに残る。この1パネルを配置することで、ブロック同士が互いに侵し合うのを防げ、より効果的につながる。

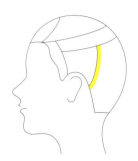

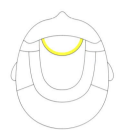

「バック（E）」の「サイド（C）」と接する1線は後ろに倒して切る。

「バング（A）」を縦スライスで切るとき、「トップ（B）」と接するパネルは「バング（A）」側にダイレクションをかけて切り、長く残す。

Point! 重要なブロックから切り始められるのでお客さまも安心

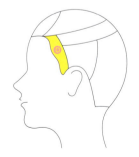

EX
顔まわりに動きを出す場合などは……
「フロントサイド（D）」から

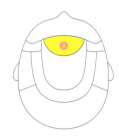

EX
フロントデザインにポイントがあれば……
「バング（A）」から

ブロックごとにカットの仕方を考えれば良いので、どこから切り始めても良い。
スタンダードなプロセスは、デザインで目立つ箇所、スタイルチェンジの要となる箇所から切り始める方法。

セイムプロセスカット
Same Process cut

どんなスタイルでも1つの切り方で切れる

カーブドカットでは、非常にシンプルかつ画期的なスライス取りで、施術を進めていきます。カットに苦手意識を持っている方にも、ぜひおすすめしたい「進め方」がこちら。

基本は、縦スライスで統一！

カット技術の習得に時間がかかる原因の一つは、スタイルによってスライスのとり方が異なること。カーブドカットでは、レングス決めや「トップ」以外のほぼ全てを縦スライスで切る。覚えることが少なく習得が容易。

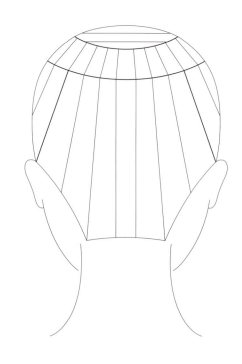

Point!
どんなスタイルでも、スライスのとり方は変わらない

ショートレイヤーでも！　　　グラボブでも……　　　ロングでも……

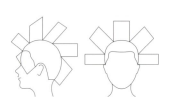
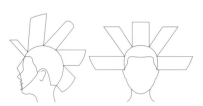
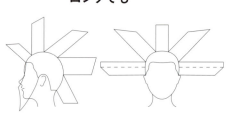

上の3つのイラストは、第2章で学ぶ「三種の神技」のおおまかな展開図。3スタイルとも、パネルの長さやレイヤーの角度に差があるだけで、基本的に同じブロック、同じスライスどり（縦スライス）で構成されている。限られた要素さえマスターすれば、あとはそれを応用して3つのスタイルを早くマスターすることができる。

ノーガイドカット
No guide cut

ガイドにとらわれず髪の落ちる位置を見て切る

カーブドカットの技術でもっとも特徴的なのが、この「ノーガイドカット」。
ガイドをとらずして、果たしてどのようにカットを進めていくのでしょうか？

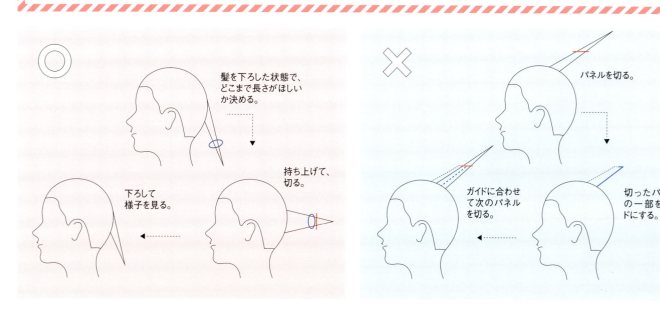

パネルごとに「おちる位置」を重視する

上記左が、ノーガイドカットの施術イメージ。ガイドにつなげてカットするのではなく、1つひとつのパネルに対して、落ちる位置を確認し、髪をどこまで残したいかを決めてからカットする。すべての毛束について、切る量や切り方を毎回考える。

Point!
パネルを「きっちり引き出す」施術の落とし穴

ガイドをとりながら、きれいなカットラインを積み重ねようとしても、毛束が前後にわずかに動くだけでラインは不揃いになる。ガイドに合わせて本当にピッタリのラインで切るのは至難の技。だったら、初めから不確定なガイドは取らず、毎回自分の目を頼りに切ろうというのが、ノーガイドカット。

パネルを倒して切っただけで、ラインはゆがむ。この状態では、正確なガイドにはならない

オンベースでパネルを引きだし、ブラントでまっすぐに切った状態。

Point! ノーガイドカットのパネルは「何度も」引き出して「少しずつ」形をつくる

(1)

カーブドカットでは基本的に、どんな切り方をするときでも、少しずつ、削るようにカットしていく。ポイントは、最初は求める長さよりも少し長めに切ること。髪を落として様子を見た結果、残した方が良い場合も出てくるからだ。

トップへの施術を想定。切る前に、トップの髪が落ちる位置を見て、ほしい長さまでの部分を手に持ち、パネルを引き出す。

(3) ◀

(2)

パネルを一旦戻し、手で髪を動かして毛流れやボリューム感などをチェック。

求める長さよりも少し長めにカットする。

(5) ◀

(4)

再び毛束を戻し、髪を動かして様子を見る。納得がいけばこのパネルへの施術は終了。納得がいかなければ、再度 **1**〜**3** を繰り返す。

もう一度 **1** の位置からパネルを引き出し、**2** 同様にカット。

SKILL 2
カーブドカットの「切り方」を知る

どんなカット技法もそのまま流用できるのが「カーブドカット」の良さですが、
独自の「切り方」を学ぶことで、デザインの幅がさらに広がります。
それぞれに、効果的な使いどころがあるので、このページを読んでしっかり覚えましょう。

リードストローク
P.021

長さ、質感、量感、すべてのコントロールに使える技法。通常のストロークカットに比べ、施術範囲を狭めにとり、少しずつ削っていく。やわらかい毛先も、強い毛先も自由自在につくれる。

バックチョップ
P.020

ブラントカットや通常のチョップカットよりもやわらかく、しなやかな質感をつくれるカット技法。しなやかながらも、レザーカット等と比べて毛先に「強さ」を残せる。

ブラントカット

チョップカット

※Chapter9に解説は記載されていませんが、本書では、一般的なこの2つのカット技法も使用しています。

Rカット
P.022

やわらかくしなやかな質感をつくるカット。毛先は、バックチョップと比べてより不揃いになるため、ライン感よりも動きをつくりたい時に適している。フロントサイドをカットするとき、特に重要な技法。

バックチョップ
Back chop

主にトップやコーナー（ハチ上）、ヘムラインなどに使用し、非常に汎用性の高いカット技法がバックチョップ。
切り口を、好みの形につくりあげることができます。

切る前のコーミングが大事！

「落ちる位置」を施術の大切な基準にするカーブドカット。カット前には粗歯のコームで軽めにコーミングして、髪の動きを観察してから切ろう。

（1）引き出したいパネルの上にかかっている髪を粗歯のコームの角を使ってよける。

（2）表面を軽くコーミングして、毛流れを整え、パネルが落ちる位置を確認。

（3）コームの角を使ってスライスをとりパネルを引き出す。

（4）引き出した下の髪の毛流れをあらかじめ整える。

（5）パネルを下からコーミングする。

（6）パネルの毛流れがきれいに整ったら、カットする。

シザーズを動かす範囲
バックチョップで切る長さの範囲は毛先から5ミリ（右）〜1.5センチ（左）まで。範囲を広げるほど、毛先にギザギザ感が出る。

▼ 角度をキープして何度も動かす

（1）引き出したパネルの毛先に、手前からパネルに対して45度の角度で、シザーズを開きすぎないようにして入れる。

（2）角度をキープしたまま毛先に向かってシザーズを動かし、閉じる。

（3）ひと束切った状態。これを必要箇所に施したら、毛束を落として毛流れを確認する。

リードストローク
Lead Stroke

量感調整や毛流れの表情づくりなど、さまざまな目的に使えるカットがリードストローク。
目的に合わせて、毛束の中での施術する範囲を変える。

✓ 部分的に、根元から毛量を減らしたい時

（1）

主に、耳後ろの毛量を減らすときなどに使用する方法。施術したい箇所から、毛束を細めにとる。

（2）

シザーズを開き、根元から2センチほどあけて、45度の角度で入れる。

（3）

シザーズを閉じながら右手首を内側に曲げていき、シザーズを毛先側に動かす。

（4）

手首を曲げきると同時にシザーズを抜く。

（5）

再びシザーズを開いて入れる。2〜5でシザーズを動かした範囲の、中間付近から動かしはじめ、同様に手首を曲げながら切る。

（6）

3回目はより毛先側を施術。5で動かした範囲の中間付近にシザーズを入れ、同様に手首を曲げながら切る。

✓ 毛先に動きを出したい時

長さをやや短くしつつ、毛先に動きを出す時は、毛先1〜2センチにのみリードストローク。このときは、右手首は動かしつつもシザーズは抜かず、左手の指先に当たるあたりで止めて、繰りかえす。フロントサイドやサイド、バックなどに多用。

✓ 全体的に毛量を減らしたい時

全頭の毛量を減らしたいときは、中間〜毛先付近にのみ施術。上記プロセスの5〜6のみ行なう。

Rカット
R cut

バックチョップよりも不揃いな毛先や、やわらかい質感がつくれるRカット。
主にフロントサイドで多用します。左右で施術方法が違うので、両方のパターンを練習しましょう。

✓ 左フロントサイドの場合

(1) お客さまの左側に立ち、右フロントサイドとは逆に、毛先が手の甲側に来るようにパネルを引き出す。

▼

(2) シザーズを45度の角度で上から入れ、右手首を外側に回してえぐるようにシザーズを動かしてカット。

※Rカットでフロントサイドを切る時の左右は、右利きと左利きで反対になります(本ページでは右利きを想定)。

✓ 右フロントサイドの場合

(1) お客さまの右前に立ち、パネルを引き出して、シザーズをパネルの上から45度の角度で入れる。

▼

(2) 毛先側(手前)に向かって、手首を内側に回してえぐるように動かす。髪が削れるような音がしないよう、勢いよく行なうのが傷めないためのコツ。

○ Point! パネルの引き出し方

フロントサイドからパネルをとる時は、顔のななめ前45度、床から45度の高さを基準に引き出す。軽くしたいときは上に、重くしたいときは下に、厚くしたいときは内側に、薄くしたいときは外側に傾けて引き出し、仕上がりの状態を調節する。引き出したら、テンションを緩めてパネルに丸みをつける。

✓ バックの毛流れをつくる場合

ひと束切った状態。これを数ヵ所に施したら、毛束を落として髪の動き方を確認する。

CONCEPT 3

カーブドカットの「考え方」を知る

カーブドカットのテクニックは、
突き詰めればすべてが「お客さまを安心させるため」につくられています。
それらは、2つの「考え方」に集約できます。

ミラーカット
P.024

手もとではなく、鏡に映るお客さまの髪を見ながら切ること。鏡の中でお客さまに髪をどう見せるか、スタイルができていく様子をいかに楽しんでもらうか、にこだわった手法。

スカルプチャーカット
P.026

目指すスタイルに最短のプロセスで近づくのではなく、少しずつ形ができあがるように切っていく考え方。習熟すると、時間をあまりかけずに施術が可能。

ミラーカット

Mirror cut

サロンにおいてカーブドカットで髪を切るときは、ほぼすべて「鏡の中」で施術を完結させます。
全てのスタイルを、最終的にこの方法で切れるように練習しましょう。

鏡を見ながら切る技術

カーブドカットは、すべてのスタイル、技術に共通して、極力「手元を見ずに、鏡の中を見ながら」切るのが最終的に目指すべき境地。お客さまと一緒に、カットした髪の状態を鏡で確認しながら、ていねいに施術を進める。

Point! 施術範囲はここ!

ここだけは例外!

利き手と同じ側のフロントサイドを切るときだけは、シザーズの動かし方の関係で、例外的に前に出て切る(P.022「Rカット」も参照)。その際はあらかじめ、逆サイドをミラーカットで施術して基準をつくっておく。

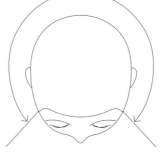

「ミラーカット」の考え方では、美容師はお客さまと鏡の間に立つのはNG。前髪を切るときにも、後ろから手を回して、鏡の中に映る前髪を見ながらデザインする。

※お客さまの視界には入らない

基本の考えその1
「二次元ビューカット」

ヘアスタイルは二次元の集まり!

ヘアスタイルは三次元のもの。ただ、人がヘアスタイルを見るときは、常に1方向しか見られない。つまり、デザインを二次元の集合体としてとらえるのがこの考え。4つのビューそれぞれをデザインすれば、結果、頭の丸みを生かしたデザインになる。

サイドビュー(左)

バックビュー

フロントビュー

サイドビュー(右)

フロントビューを意識して切る

お客さまが自身の髪を見る方向は、ほぼ鏡に映ったフロントビューのみ。
したがって、特に前から見たときのデザインには細心の注意を払い、そのできあがっていく様子を鏡の中で共有する。

長めの衿足や、胸もとに下ろすバックの髪などは、「フロントビュー」の大切な要素。

正面から見たシルエットづくりは特に大切。アウトラインを形成するサイドのレイヤーは、慎重に角度を決めて入れよう。

基本の考えその2
「カットオン」

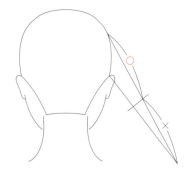

お客さまと一緒にデザインを考えるとき、「何センチ切る(カットオフ)」とは考えないのがカーブドカット流。髪は、切る部分より残す部分のほうが大事なので、「どのくらい残す(カットオン)」かを常に意識しよう。たとえ、隣りのパネルとつながっていなかったとしても、髪が落ちた位置でなじんでいればOK。

スカルプチャーカット
Sculpture cut

髪を少しずつ切る「ノーガイドカット」に代表されるように、少しずつ、少しずつ……と、確認しながら進めていくカット行程。
スカルプチャーカットとは、カーブドカットを代表する施術概念です。

「長く残す」が基本

「スカルプチャーカット」という考え方では、どんな場所を切るときも、仕上がり想定やお客さまのオーダーよりも長めに残し、その都度確認をとる。必要であれば、追加でシザーズを入れて長さをさらに短くする。

Point! 特にスカルプチャーカットを意識したい箇所

レングスを切るときは、特にこの「スカルプチャーカット」という考え方が大事になる。慎重に長さをカットして確認していき、「切りすぎ」を未然に防ぐ。

たとえば、お客さまの前髪を「目の上ギリギリ」に設定する場合は、目を少し覆うくらいの長さに一度切り、予想されるドライ後の髪の状態などを説明する。

比較してみよう！サロンワークの組み立て方

Point!

ここでは、通常のサロンワークと、「スカルプチャーカット」に基づくサロンワークの流れを比較する。
何に時間や手間をかけるか、その違いを見てみよう。

「スカルプチャーカット」を意識したカーブドカットのサロンワーク（例）

来店
▼
カウンセリング
▼
スタイル「イメージ」決定 ☆1
▼
シャンプー
▼
ウエットカット
▼
途中で確認 ☆2
▼
ウエットカット
▼
途中で確認 ☆3
▼
※以降、くりかえす
▼
ドライカット（ウエットカット同様、確認しながら）
▼
スタイリング

その都度確認 結果的に効率アップ

カウンセリングでは、仕上がりは「イメージ」程度の決定にとどめておく。長さや各ブロックの切り方など、こまめにお客さまの確認をとることで、余計なチェックカットやお直しの手間を省ける。

通常のサロンワーク

来店
▼
カウンセリング
▼
スタイル決定 ★1
▼
シャンプー
▼
ウエットカット
▼
ウエットカット（チェック）★2
▼
ドライ
▼
ドライカット
▼
スタイリング

仕上がりイメージと違う場合も

はじめにお客さまと仕上がりのスタイルをしっかり共有し、そのゴールへ向けて施術。しかし、共有したスタイルが、本当にお客さまが求めているものとは限らないため、失敗もありえる。

BASICS+a
4

基礎知識＋α
カーブドカットのテクニックQ&A

ここまで、カーブドカットの基本要素を学んできて、さまざまな疑問を抱いた方もいるかもしれません。
このページでは、そんなモヤモヤを解消します!

Q. ウエットカットとドライカットの使いどころは?

A. 通常のカットと同じです

カーブドカットの技術は、すべてウエット／ドライ両方のカットで使用できます。一般的なカット技法と同様、ウエットで形をつくり、ドライで質感や毛量調整を行なうことも可能です。つくりたいデザインや素材によって、ウエットカットとドライカットの比率を自由にコントロールできます。

Q. カーブドカットで必要なツールは?

A. 粗歯のコームを使うと便利です

カーブドカットでは、特に新しく揃えるべきツールはありませんが、既存のツールの中でも使う頻度が高いのが、粗歯のコーム。ほとんどの場合、ブロッキングをしないので、カットの時も、スムーズなスライスどりができます。また毛流れや生えグセを生かすのがカーブドカットなので、テンションをかけずにスライスを出すためにも粗歯がベスト。

Q. ブロックもプロセスも決まっていると応用しにくそう……?

A. 決まっている＝シンプルな要素だからこそ、応用しやすいんです!

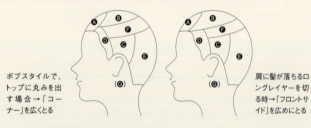

ボブスタイルで、トップに丸みを出す場合→「コーナー」を広くとる

肩に髪が落ちるロングレイヤーを切る時→「フロントサイド」を広めにとる

まず、基本要素の数が少ないということは、覚えやすいということにつながります。つまり、早い段階で応用の練習に入ることができるのです。また、ブロッキングやスライスのとり方にさまざまな「バリエーション」をつくりすぎると、そのバリエーション以上のものが切れなくなる恐れも……。カーブドカットでは、「7つのブロック」ひとつにしても、スタイルによって自由にアレンジできるので、その応用範囲はとても広いのです。

Q. 「スカルプチャーカット」って時間がかかりそう……?

A. あとからチェックするよりも、ずっと効率的です!

スカルプチャーカットで慎重に長さを確認しながら切れば、カット後に細かくチェックカットをする手間が省けます。通常のカット技術の場合、切り直しに時間が長くかかってしまうことも。必要な確認は、その都度行なうほうが効率的です。また、毛束を何度も引き出す「ノーガイドカット」も、慣れればかなりのスピードで行なうことができます。通常のサロンワークでは、カットのみの場合、来店～お会計までは約1時間です。

CHAPTER

2

カーブドカットの「三種の神技(じんぎ)」を切ろう

マスターすべきスタイルの「型」

どんなカット技術も、練習なくして上達はありえません。
カーブドカットには、練習効率を上げる、
3つのヘアスタイルの「型」が用意されています。
本章では、その「型」について徹底的に学びます。

「三種の神技」とは

カーブドカットを学ぶ際、最初に覚えるべき3つの「型」。
ここでは、スタイルの概要と、それらの「型」を切って身につけられることを紹介します。

カーブドカットの練習をするための3つの「型」

3

ボブ
Bob

フォルムワークとウエイトバランスの調整が要となるボブスタイル。ボブを切るには、カーブドカットへの慣れが必要なため、最後に学ぶ。ディテールを変化させることでさまざまなアレンジも楽しめる。

2

ロングレイヤー
Long layer

2番目に覚えるべきは、サロンワークでの応用頻度が高いロングレイヤー。ここでは、Aラインシルエットのスタイルを学ぶ。レングスを維持するお客さまにこそ、カーブドカットは真価を発揮するため、ロングレイヤーは必修。

1

ショートレイヤー
Short layer

3つのスタイルの中で最初に切るべき「型」。プロセスの中に、カーブドカットに必要な要素がすべて含まれており、繰り返しの練習を通して基本的なカットの感覚を養うことができる。

カーブドカットのさまざまな技術要素を身に付けるために、もっとも効率的な練習用スタイルが、この「三種の神技」。繰り返し練習することで、最短期間でカーブドカットをマスターできる。さらに、覚えた型は技術力とセンスの向上に応じて自由に応用ができ、サロンワークにおいても実用的なスタイルであるのが特徴。

「三種の神技」の練習方法

「三種の神技」を効率よく習得し、一日も早く実践に生かすために、次ページからのプロセスをどのように練習したら良いか、流れを説明します。この方法なら、ウイッグを効率よく使いまわすことも可能!

First! 1順目 とにかく「型」をたたきこむ!

①
「三種の神技」の基本中の基本、「ショートレイヤー」から練習スタート。カットに入る前に、スタイルの完成形を隅々までしっかり観察する。

ディテールまでしっかり見て、「それぞれのブロックの髪がどこに落ちているか」と、「全体の中で、どの部分に髪がほしくて、どこはいらないのか」を、見極める。

P.032〜のプロセスを、各毛束とも「1発切り」で施術する。すべて、パネルを引き出す前に「残す髪の長さ」を確認し、持ち上げてカット。

完成形に近い形を切れるようになったら、ショートレイヤーの「型」を覚えられたとみなす。

「三種の神技」は、本来はカーブドカットの「考え方」である、ミラーカットとスカルプチャーカットにのっとって切るべきスタイル。しかし、最初は型を覚えることの方が重要なため、1発切りで練習する。

②
続いて、「ロングレイヤー」を練習。ショートレイヤーと同様、完成形をじっくり観察してから一発切りでつくる。

③
ロングレイヤーの型をマスターしたら、最後に「ボブ」の練習に入る。前2スタイルと同様の条件で切っていく。

Second! 2順目 カーブドカットの「考え方」を意識して切る!

2順目からが「三種の神技」の練習の本番。カーブドカットの「考え方」を総動員してカットする。1順目の1発切りと違い、「スカルプチャーカット」で彫刻のように形をつくり上げていこう。

※次ページ以降のプロセスは、基本的に「2順目」を想定して書かれている。

スタイルの完成。型を覚えるだけだった1順目に比べて、より高いクオリティと時短を目指して切っていこう。

選んだスタイルを、「スカルプチャーカット」と「ミラーカット」の2つの「考え方」にのっとって切る。

2順目は、好きなスタイルから練習してよい。ウイッグを最大限に活用するためには、ロングレイヤー→ボブ→ショートレイヤーと進めていくのがおすすめ。

「ショートレイヤー」を切ろう

カーブドカットの初歩の初歩である「ショートレイヤー」。
手順を理解できるまで何度も練習し、まずはカーブドカットの感覚をものにしましょう。

スタイルをよく確認しよう

FRONT

SIDE

丸みのあるオーソドックスなショートレイヤースタイル。前髪は目にややかかるくらい。
毛先が若干不揃いなところと、肌に沿うネープのつくりが特徴的。耳前の「フロントサイド」ブロックの処理も大切。

Point!
三種の神技は「なりゆきドライ」!

「三種の神技」を練習するときは、ウエットカットからスタートし、そのまま途中で濡らさずに最後までカットする。ウエットorドライカットという差を意識せず、まずは切り方を覚えることに専念しよう。

✓ 7つのブロック

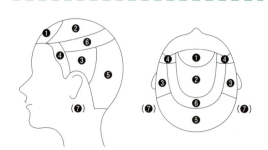

前髪の形に特徴があるので「バング」から施術スタート。そこから「トップ」→「サイド」→「フロントサイド」とカットを進め、フロントビューを完成。続いて「バック」をしっかり形づくり、最後に「コーナー」→「ライン」と切って形を整える。

✓ BEFORE

あまり長すぎるウイッグではなく、ボブレングス程度のものを用意すると練習しやすい。ここでは、肩上の長さに切られた前髪長めのボブを使用。毛先が若干不揃いな状態。

PROCESS

バング〜トップ

今回は、顔まわりから施術スタート。セーフティーカットを入れるのを忘れずに、トップと前髪をしっかりつくり分けていこう。

(1)

「バング」は三角ブロックで分けとる。目に少しかかるくらいの長さにしたいので、落ちたときの位置を想定して切る箇所を設定。

(2)

1の長さを目指して、少しずつ、数回に分けて前髪の長さをつくる。今回はブラントカット。

(3)

長さが決まったら、縦スライスでレイヤーを入れる(今回は3スライス)。

(4)

「トップ」のブロックと接するパネルは、「バング」側に倒してカットし、セーフティーカットとする。

(5)

「トップ」の髪は後ろから切っていく。毛束を真上に引き出しながら、前髪を覆う長さを想定してノーガイドカット。

(6)

「トップ」2線目。2線目以降は頭の形に合わせ、少しずつ前に倒してオンベースにカット。一番前のパネルは後ろに倒してセーフティーカットに。

PROCESS

サイド〜フロントサイド

フロントビューのボリュームやフォルムをつくる大切なブロック。
縦スライスで幅の広いパネルをとり、形を見ながらグラとレイヤーを組み合わせていく。

(1)

イヤーツーイヤーパートで「サイド」と「バック」を分ける。「サイド」の「バック」側から施術。縦スライスで、床と並行にパネルを引き出す。

(2)

上からシザーズを入れ、途中までレイヤーを入れる。

(3)

後半は、パネルの角度を少し下げて、切り口がグラデーションになるようにする。

(4)

1〜3の作業を、2線目以降でも行なう。

(5)

「サイド」の、「フロントサイド」に対するセーフティーカット。「バング」の延長線上を意識して切る。

(6)

「フロントサイド」も、「バング」の長さを意識して切る。カットするときはややフォワード方向に引き出す。

PROCESS

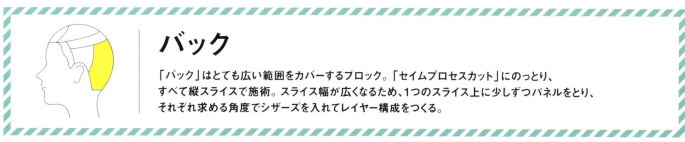

バック

「バック」はとても広い範囲をカバーするブロック。「セイムプロセスカット」にのっとり、すべて縦スライスで施術。スライス幅が広くなるため、1つのスライス上に少しずつパネルをとり、それぞれ求める角度でシザーズを入れてレイヤー構成をつくる。

(1)

正中線上に縦スライスをとる。「バック」の縦幅いっぱいでパネルをとる準備をする。

(2)

1の上の部分から1つめのパネルを取り、レイヤーを入れる。

(3)

2の下に、1とつなげた2つ目のパネルをとり、レイヤーで切り進める。

(4)

もっとも下側の3つ目のパネルは、大きく下げながら切り、切り口をグラデーションにする。

(5)

1〜4に合わせて、左右とも2線目以降も同様に1線を3パネルに分けて切る。「サイド」ブロックと接する箇所は、後へ引いてセーフティーカットに。

(6)

右サイドのセーフティーカットを入れ終わったところ。わずかに長く残った髪が、バックとサイドの境目となる。

PROCESS

コーナー〜ライン

大まかな形をつくったら、ディテールをつくるこの2ブロックを施術。
ハチまわりに相当する「コーナー」はフォルムを整え、必要であれば「ライン」を切る。

(1)

右サイドの後ろ側から施術。縦スライスでオンベースにパネルを引き出す。

(2)

落ちる位置を考えて、セイムレイヤーでカット。

(3)

2線目以降も同様にカットしていく。写真は「コーナー」の右側、最後の1線を引き出したところ。

(4)

3をわずかに後ろに倒しながら切り、セーフティーカットとする。

(5)

逆サイドの左側も、右側と同様に後ろから前へと縦スライスでパネルを引き出していき、レイヤーを入れる。ラストはセーフティーカット。

(6)

ショートレイヤーの場合、縦スライスで切り終えた時点で「ライン」が完成しているはずだが、必要であれば微調整する。

カット終了後の状態。そのままでも、髪が収まりよくまとまっているのが理想。ここからドライ&ブローして、スタイリング剤を使わずに仕上げてフィニッシュ。

FINISH!

まとめ

**ショートレイヤーは、カーブドカットのすべての要素が含まれた基本中の基本。
迷いなく切れるようになるため、まずは「1順目」からしっかり練習していこう。**

「ロングレイヤー」を切ろう

お客さまにも人気で応用範囲が広い「ロングレイヤー」。
この切り方をマスターすれば、カーブドカットでつくれるスタイルの幅が大きく広がります。

スタイルをよく確認しよう

肩下レングスでAラインシルエットのロングレイヤー。前髪は目を覆うくらいの長さでアール状のカットラインが特徴。
フロントサイドのレイヤーが内側への毛流れをつくっており、顔まわりにアクセントを加えている。

✓ 7つのブロック

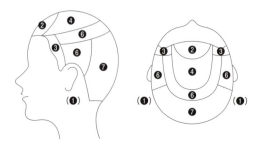

長さの設定が何よりも重要なので、まずは「ライン」から。続いて「バング」も長さを決めて、そこを基準に「フロントサイド」を切る。「トップ」〜「コーナー」をカットして表面のレイヤーを決め、「サイド」、「バック」と切って全体のシルエットを完成させる。

✓ BEFORE

レングスは胸もと以上の長さ、前髪もノーズラインまでを覆うくらいの長さがあるウイッグを使用して練習する。

Point!
「右前の例外則」を忘れずに！

ロングの顔まわりで多用する「Rカット」。右フロントサイドを切るとき（右利きの場合）には、「ミラーカット」の基本の立ち位置ではなく、例外的にお客さまの斜め前に立って施術する。

PROCESS

ライン〜バング

ロングは「長さを残す」ことが重要なので、ボブやショート以上に慎重に切る。初めに大まかなラインをつくる。「バング」はバックチョップでカット。

(1)

左〜右サイドにかけて「ライン」を切る。希望レングスより少し長めにチョップカット。

(2)

「バング」は、深く、広めの三角ブロックで分けとる。粗歯のコームでパートをつける。

(3)

前髪の希望レングスは目の上ギリギリを想定。少し長めに、目を覆うくらいの長さにバックチョップで切る。

(4)

「バング」は縦スライスをとり、少しずつ、想定する長さにバックチョップ。

(5)

パートに接する部分のパネルは、「バング」側にダイレクションをかけてセーフティカットとして長さを残す。

(6)

「ライン」と「バング」を切り終えた状態。想定する長さよりも少しだけ長めに残している。

PROCESS

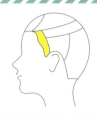

フロントサイド

「フロントサイド」は、Rカットで毛先を顔まわりになじませながら切っていく。
左右で施術位置を変えることで、無理なくシンメトリーに仕上げる。

(3) (2) (1)

右サイドを施術する時は右斜め前に立ち、毛先を手前に向けて持ちながらRカット。

毛先側、つまり前方向にシザーズを向けて入れ、Rカットで顔まわりの形をつくる。

左サイドから施術。ブロックを狭くとり、1パネルで切る。左手で後ろからパネルを持つ。

トップ

目指すシルエットは「Aライン」なので、全体のフォルムを左右する「トップ」の切り方が重要。
範囲は広めにとる。

(3) (2) (1)

2線目（前）は最後のパネルになるので、後ろに倒してセーフティカットに。

1線目（後ろ）はオンベースに引き出し、バックチョップで求める長さにカット。

バングブロックの後ろに、大きく馬蹄形のブロックをとって「トップ」に設定。

PROCESS

コーナー

「コーナー」は切りすぎないように注意し、すその厚みが減らないように気をつける。

(3)　　(2)　　(1)

(3) フロントサイドと接する部分では、パネルをやや手前に倒してセーフティカットに。

(2) トップと同様、髪の落ちる位置を見ながら放射状にスライスをとって切り進める。

(1) 「コーナー」はコームで、1つずつ縦スライスをとりながら、バックチョップでレイヤーを入れる。

バック～サイド

「バック」のカットは、カーブドカットの中でも特徴的なもののひとつ。幅の広い縦スライスで、一気に、かつ慎重に厚みをつくる。

(3)　　(2)　　(1)

(3) バックを切り終わったら、「サイド」ブロックも同様に縦スライスで施術。

(2) 1から放射状に。バックに縦スライスでローレイヤーを入れていく。写真はバックの最後のパネルにセーフティーカットを入れているところ。

(1) 「バック」ブロックの正中線上に、大きく縦スライスをとり、上からブラントカットでローレイヤーを入れる。

ロングレイヤーのカットが終了。Rカットとバックチョップにより、毛先にやわらかい質感が生まれた(右下写真)。顔まわりのレイヤーもデザインポイントに。

FINISH!

――― まとめ ―――

ロングレイヤーを切るときは、とにかく「切りすぎ」に注意。
長さをキープしつつ、思い描くシルエットを確実につくれるように練習しよう。

BOB

「ボブ」を切ろう

「三種の神技」の中で、最後に学ぶスタイルがグラボブ。
シルエットづくりが大切なので、各ブロックを慎重にカットしていきましょう。

スタイルをよく確認しよう

FRONT

SIDE

あご下レングスで、水平ラインのグラデーションボブ。全体に、毛先が自然と内側に入るようなレイヤー構成。
前髪は、目よりもやや上に設定されている。

Point!

唯一「ダックカール」を使う型

カーブドカットでは、ブロックを事前に分けとることはしない。そのため通常はダックカールを使わないが、ボブのバックを切るときのみ、下から切っていくため例外的にダックカールを使用する。

✓ 7つのブロック

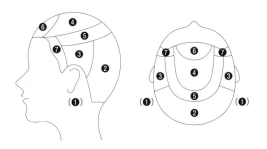

スタイルを特徴づける「ライン」からカット。「バック」にグラデーションを入れてウエイトをつくった後、「サイド」〜「トップ」を切って形を整える。「コーナー」〜「バング」〜「フロントサイド」と切っていき、フロントビューをつくって完成させる。

✓ BEFORE

前髪が長めで、肩下レングスのウイッグを使用。基本的にブラントカットで施術する。

PROCESS

ライン

BEFOREの状態が長いので、ライン設定から施術スタート。
はじめに「サイド」の長さを設定して、そこに合わせて一気に後ろまで切る。

(1)

肩上レングスのボブをイメージ（右）。しかし、サイドのラインは、想定より少し長めに切ることにする（左）。

(2)

サイドのラインを切っているところ。少し長め、を意識しながら、耳前までブラントカット。左右ともに施術。

(3)

サイドのラインを切ったら、ドライ〜仕上がり時で予想される髪の動きや長さを確認。

(4)

もう少し切る、と希望があった場合は、1の右写真で示した長さにより近づけて、再びサイドのラインを切る。

(5)

4の後も、鏡の中を見て仕上がりの長さや毛流れ、シルエットのイメージを確認する。

(6)

納得したら、サイドに合わせてバックの長さを切り、ラインの設定が終了。

PROCESS

バック

切ったラインの長さに合わせて、バックを縦スライスで切る。
先にラインを切るボブスタイルの場合は下から切っていくのがポイント。

(1)

バックの上半分を分けとった状態。カーブドカットでは原則としてブロッキングを行なわないが、下から切るグラボブのバックのみ例外。

(2)

正中線上から縦スライスでパネルを引き出し、仕上がり想定よりも少し浅い角度でグラデーションを入れる。

(3)

2のパネルを一度切ったら、コーミングしてバックになじませる。

(4)

3の部分の毛先の収まりや全体の重さを確認。さらに切る場合は、2のパネルをもう一度引き出して切る。

(5)

2線目以降も同様に引き出して切る。「サイド」ブロックと接するパネルは後ろへ引いてセーフティーカットに。

(6)

バック下半分全体を切り終わったら、収まりを確認。納得した上で次へ進む。さらに締めたい場合はもう一度カット。

PROCESS

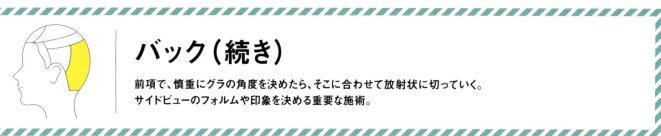

バック（続き）

前項で、慎重にグラの角度を決めたら、そこに合わせて放射状に切っていく。サイドビューのフォルムや印象を決める重要な施術。

(1)

ダックカールをはずし、「バック」の上半分を、先ほど切った箇所に重ねる。

(2)

下半分のパネルの長さを見ながら、上半分の正中線上にもグラデーションを入れる。

(3)

この場合も、切った後に毛先の落ち方や厚みを確認し、納得したら次へ施術を進める。

(4)

3で上半分に入れるグラのイメージが決定したので、そこに合わせて、2線目以降も縦スライスでグラデーションを入れていく。

(5)

「サイド」と接する部分を施術するときは、パネルを後ろに引いてセーフティーカットに。

(6)

「バック」（左側）にグラを入れ終わり、グラボブの形ができ上がってきた状態。右も同様。

PROCESS

サイド〜トップ

「バック」とつなげて、「サイド」にグラデーション、「トップ」にレイヤーを入れていく。
ここでも、要所での確認は忘れずに。

(1)

「バック」上段に入れたグラを参考に、「サイド」に、後ろから縦スライスでグラデーションを入れていく。1パネルごとに、少しずつ削るように切る。

(2)

「フロントサイド」ブロックの直前（最後はセーフティーカット）まで切り終わったら、毛先の落ちる位置を確認。

(3)

もう少し切る必要があれば、再び「サイド」を切る。写真は左サイドを切り終えた状態。右も同様にカットする。

(4)

「トップ」にレイヤーを入れる。後ろから、モヒカンライン上にパネルをとり、真上に引き出して少しずつ水平に切る。

(5)

1パネルごとに髪を動かしながら毛先を落として丸みを確認する。

(6)

「トップ」にレイヤーを入れ終えた状態。

PROCESS

コーナー〜バング〜フロントサイド

下のグラと上のレイヤーをつなぎ、フロントビューをよりきれいに整えるために必要な個所。鏡の中で、しっかり形をつくろう。

(1)

「トップ」から放射状のスライスをとり、「コーナー」のパネルを引き出して、出てくる角を削るようにカット。

(2)

「バング」をカット。切る前に残す長さをしっかり確認。

(3)

最終的につくる毛流れの方向も想定して、髪の落ちる位置を確認する。

(4)

バックチョップで、少し長さを残しながら切る。

(5)

「バング」を切り終えた状態。今回は目の上ギリギリに長さを設定。

(6)

今回のデザインはベーシックなので、「フロントサイド」は、バックチョップで角を取る程度に。

カット終了。施術の過程で自然と乾いた状態。ここからドライ&ブローして、スタイリング剤を使わず仕上げる。

FINISH!

まとめ

ボブは「三種の神技」の中で最も慎重に形をつくるべきスタイル。
お客さまを施術している様子を想定しながらカットを進めて行こう。

COLUMN 1

「カーブドカット」ができるまで
木村博次ヒストリー

この本に出てくるカーブドカットって、一体どんな経緯で生まれた技術なの？ それをつくった木村博次って、一体どんな人なの？ 皆さんのちょっとしたギモンに、著者自らがお答えします。

カーブドカットは、僕が美容学校生の時に考案した技術です。大卒後、22歳で入学した僕が、初めてぶち当たった関門はワインディングでした。一本のロッドを巻くのに4時間もかかり、意味がわからない……。そこで、先生には「木村君は向いていないからやめたら？」とまで言われました。実際その通りでしたが、自分で決めた道を諦めたくない、絶対に美容師で成功すると、その時誓いました。当時、同じクラスには7歳下の同級生がいたので、「人の7倍頑張る」をスローガンに努力しました。

なんとか苦手なワインディングを克服した次に直面した関門はカット。どうしても左右のレイヤーの角度が合わない、ちょっとの角度の違いで仕上がりが変わる。横スライスのエレベーションが切れない、八の字スライスで切るのパネルは、その髪が落ちるところをよく考えると、ガイドになる1線目のパネルは、その髪が落ちるところを見て引き出し、長さを決めているにすぎません。ならば、毎回ガイドを切るつもりでカットすればいいのではないか。これが「ノーガイドカット」の考え方が生まれた背景です。

このように、カット技術の習得に理論と感性をバランス良く、論理的に組み入れていくことで、教えやすく、学びやすく、習得が早いカーブドカットを完成させることができました。

僕自身、卒業後はサロンに入社してすぐにスタイリストデビュー。3ヵ月で150万円の指名売上を達成し、店長になりました。6年間勤務の後、独立し『La Bless』を設立した時は、満を持して地域ナンバーワンのカットプライスを掲げてオープン。自身の指名売上400万円を達成し、全国からカーブドカットのセミナー依頼をもらえるようになりました。

カーブドカットは、自分が下積みのころに感じた疑問から生まれた技術。それが今、仲間や業界の皆様のお役に立っていることを、本当にうれしく思います。

050

CHAPTER

3

カーブドカットの バリエーションを 増やそう

「三種の神技」を元にしたデザイン展開

本章では、「三種の神技」の仕上がりを元に、
そこからさらにスタイルを「派生」させる方法を学びます。
カーブドカットの技術の幅をさらに広げていきましょう!

「三種の神技」を覚えたら、デザインのバリエーションを増やそう！

CHAPTER2で学んだ「三種の神技」は、その完成形に少しずつ手を加えて、スタイルを変化させられます。まずはこの変化の方法を練習することで、カーブドカットを応用するための足場を固められます。

三種の神技の活用法

CHAPTER2のように、三種の神技を1順目、2順目（P29参照）と繰り返し練習し、マスター。その後本章で、仕上がりからの「派生」を練習する。たくさんのパターンを覚えることで、カーブドカットの応用のコツが理解できる。

三種の神技の「型」を覚える（CHAPTER2）

▼

三種の神技を「ミラーカット」と「スカルプチャーカット」で切る（CHAPTER2）

▼

ここを学ぶ → 三種の神技からの「バリエーション」を覚える（CHAPTER3）

本章のプロセスは、すべて三種の神技を切り終わった時点からスタート。まずは3つの「型」を経由しながら繰り返し練習することで、3つのスタイルの特性をよりよく理解できるようになり、その後の応用に結びつく。

▼

三種の神技だけでなく、カーブドカットで自由にスタイルを展開できる（CHAPTER4）

「三種の神技」のデザインバリエーション

ここを意識しよう
- ドライカットを活用して質感づくりをする（展開A→ウエット＆ドライカットを使用、展開B→ドライカットのみ）
- 「ミラーカット」と「スカルプチャーカット」を使って、お客さまへの施術を想定

三種の神技の1つの型につき、本章で切る派生は2つ。最終的には合計で、6スタイルの切り方を学ぶ。それぞれ、ウエットカットから始めるパターンと、ドライカットのみのパターンがある。どのスタイルを切るときも、CHAPTER1で学んだ基本をふまえて、お客さまへの施術を想定して進めよう。

3 ボブ
- B 前上がりボブ P.77〜
- A 前下がりボブ P.71〜

2 ロングレイヤー
- B ひし形シルエット P.67〜
- A ミディアム P.63〜

1 ショートレイヤー
- B やわらかショート P.60〜
- A ベリーショート P.55〜

STYLE CHANGE 1

三種の神技 「ショートレイヤー」からのデザイン展開

カーブドカットの中でも最も基本的な型であるショートレイヤー。
髪の落ちる位置に常に気を配って印象を自在に変化させましょう。

Check!
「ショートレイヤー」はこのように活用できる

型としてのショートレイヤーを軸に、毛流れの方向性、レイヤーの入れ方、顔まわりにかかる髪の量、毛先の処理などを調整することで、ボーイッシュなイメージから女性らしいやわらかな印象のショートまで、多彩につくり分けることができる。

B やわらかショート

施術のポイント

- ドライカットで質感・量感を調整。長さはほとんど変えない。
- サイド〜ネープの髪が頭に自然と沿うように、毛先を削いで調整。
- 目指す毛流れを意識して、バングのカットは繊細に。

A ベリーショート

施術のポイント

- チョップカットでつくるトップ〜バングにかけての細かい束感。
- コーナーを調整して、タイトかつ丸みのあるシルエットをつくる。
- バック(ネープ)をやや長めに残して、フロントビューのポイントに。

A ショートレイヤーから「ベリーショート」をつくる

ベリーショートは1度ウエットにしてから施術開始。
細かくスライスをとることと、チョップカットを繊細に施すことが、スタイルチェンジのカギとなる。

(2)

欲しい長さよりも少し長く残して、チョップカットでスカルプチャーカット（以降、基本的にすべてスカルプチャーカット）。

(1)

「トップ」ブロックの一番後ろに、スライスをとってパネルをオンベースに引き出す。

PROCESS
施術の順番

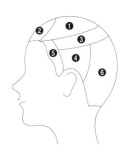

トップの長さを決めたあと、バングに動きを出す。コーナーのレイヤーで求めるタイトな丸みをつくり、サイドは毛先が細く残るように角度を調節してカット。フロントコーナーをバングにつなげたら、バックをサイド同様に切った後、ドライカット。

(5)

「バング」ブロックに移行。眉にかかるくらいの長さで、やや右に流れるよう設定。細かい毛束をとり、やや長めに残してバックチョップでカット。

(4)

2線目、3線目も1〜3同様に、チョップカット。3線目は後ろに倒してセーフティーカット。

(3)

パネルを下に落とし、軽く手で動かして毛流れや長さを見る。もう少し切りたい場合は1〜2を繰り返す。

(8)

「コーナー」ブロックへ移行。ここで丸みのあるフォルムをつくる。残す長さを決めたら縦スライスでパネルをオンベースに引き出す。

(7)

必要があれば5と同じ個所を同様に切り、納得がいけばバングの他の毛束も5〜6と同様に切る。

(6)

ひと束切るごとに毛束を落とす。バングを右へ流したいので、粗歯のコームで毛流れの乱れを整えつつ、手で少し右へ動かしながら状態を見る。

(9)

引き出した毛束にレイヤーを入れる、求める長さよりもやや残してチョップカット。

(10)

逆サイドのコーナーにも8〜9同様に、チョップカットを使って丸みのあるフォルムをつくる。

(11)

左右のコーナーを一通り切り終えたら、毛流れを整えつつフォルムを確認する。

(12)

左右のバランスを確認できたら、コーナーの後ろ側も同様にチョップカットでレイヤーを入れ、コーナー一周の施術が終了。

(13)

サイドブロックに移行。求める長さを確認したら、縦スライスで、ややリフトダウンしながらパネルを引き出す。

(14)

求める長さよりも少し長めに、ブラントカットで床と垂直に切り進め、ややグラデーション気味にカット。

(15)

パネルの下側3分の1を残すところまで切ったら、パネルの角度を13よりもさらにリフトダウン。

(16)

そのまま、パネルの一番下まで切り進める。

(17)

サイド1線を切り終わった状態。パネルの下側を長く残したことで、コーナーで切った丸みあるフォルムとのバランスをとっている。

| (20) | (19) | (18) |

18　2線目も同様にややリフトダウンしてブラントカット。1線目よりもやや長めに切る。

19　1線目同様、下3分の1からはさらにリフトダウン。

20　サイドをすべて切り終わった状態。前下がりなラインになっていればOK。

| (23) | (22) | (21) |

21　逆サイドも、ブラントで13〜20同様に切る。

22　「フロントサイド」ブロックに移行。バングの長さを基準に、その延長線上よりやや長めに引き出す。

23　1線目をカット。Rカットで、顔まわりに沿うような動きをつくる。何度か引き出しながら切る。

| (26) | (25) | (24) |

24　続けて、2線目も1線目の延長線上を目指してRカット。逆サイドも同様に2線に分けてカットする。

25　バックに移行。正中線上に縦スライスをとる。ボリュームを出したいので、ややレングスを長めに設定しながら、サイドと同様にブラントカット。

26　パネルの3分の2まで切ったら、さらにリフトダウンして残りの部分を切り進める。

(27)

26の延長線上でつなげるようにパネルを引き出して、ネープまで切り進める。

(28)

25〜27の長さを確認して、2線目以降も縦スライスでパネルを引き出し、ブラントカット。

(29)

すべてのパネルで、後半はリフトダウンしてカット。左右共に、バックはすべて同様に施術。

(30)

ウエットカットが終了した状態。毛束感と丸みを帯びたフォルムが表現されている。

(31)

ここからドライカット

30をドライした状態。全体的にやや重いので、軽さと動き、毛先の不揃い感も出したい。

(32)

バングは、毛束を細めに引き出して、毛先中心にバックチョップを入れていく。

(33)

ひと束切るごとに毛流れを整え、仕上がりの様子を確認しながら全体に施術する。

(34)

トップは、髪がたまっているところを中心に、スライスを縦横にとりながら毛先にバックチョップを入れて間引く。

(35)

フロントサイドの上は特に髪がたまりやすいので、常に髪の落ちる位置を確認しつつ、多めに間引く。

(38)

バックも、サイドと同様にリードストロークで毛先の動きをつくる。

(37)

サイドは、耳後ろを中心に全体的にランダムに細い毛束を引き出して、リードストロークで毛先の動きをつくる。

(36)

トップ〜バング全体を軽くスタイリングするように動かして仕上がりを確認する。

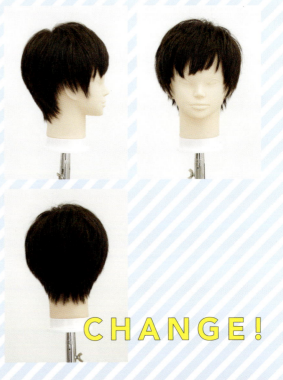

CHANGE!

ウエット・ドライカットが終了し、ブローして仕上げた状態。頭の丸みに合わせた曲線的なフォルムと、動きのある前髪、顔まわりやネープに沿う不揃いな毛先が、カジュアルな印象をつくり出している。元々の「ショートレイヤー」に比べて軽さのある仕上がり。

ショートレイヤーから「やわらかショート」をつくる

三種の神技のショートレイヤーに、ドライカットをプラスしてやわらかさを出す。
ややフェミニンな印象のショートをつくり上げる。

PROCESS
施術の順番

フロントサイド〜サイドのウエイトラインを変え、バック（ネープ付近）にリードストロークを入れて毛先をやや詰める。仕上がりを意識してバングの毛流れを整えたあと、コーナーのボリュームを調整するようにカットし、全体のフォルムに締まりを与える。

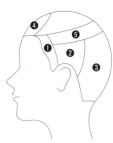

(1) ここからドライカット

ショートレイヤーのラインをぼかす。フロントサイドの毛束をつまみ、下に引き出したままリードストロークで削る。

(2)

常に毛流れを確認しながら、フロントサイド〜サイドまで1の作業を進める。

(3)

ラインをぼかした状態。逆サイドも同様に施術。

(4)

フロントサイドが短くなった分、正面から見ると、ネープの髪が見えすぎて、少し不自然な印象。

(5)

鏡の前でネープを手で押さえ、切ったあとの仕上がりを想定。お客さまに見せるようなイメージで行なう。

(6)

3までで切った部分とつなげるように、バックの髪をネープ中心にリードストロークで短くする。

(7)

前髪を粗歯のコームと手グシで軽く動かし、流れる方向や動かす度合いを決める。

(8)

毛束を細めにとり、流す方向に引き出しながら毛先にバックチョップを入れる。

060

(9)

ひと束切るごとに毛流れを整えて確認。軽くなり過ぎないように注意する。

(10)

コーナーから、不自然に膨らんでいる箇所を見つけて毛束を引き出す。

(11)

10にリードストロークを入れて、顔まわりの毛先が内側に入りやすくなるようにする。髪を落としながらコーナー全体に施術。

CHANGE!

元々の「ショートレイヤー」に近い長さで、エアリーかつやわらかな印象に仕上がった。Ⓐのベリーショートとは異なる、ふんわりした丸みが生まれているが、ネープやフロントサイドをしっかり締めているため、やわらかくもスッキリしたイメージに。

「ロングレイヤー」からのデザイン展開

三種の神技

ロングレングスは、サロンワークでも登場頻度の高いスタイル。
限られた条件の中で、仕上がりに変化をつけるためにはどうしたら良いのでしょうか。

Check!
「ロングレイヤー」はこのように活用できる

サロンワークにおいて、「あまり長さを切りたくない」という要望は多い。そんなとき、ロングレイヤーからの派生を練習しておくと、さまざまな状況に対応できて便利。ここでは、ミディアムへのレングスチェンジと、シルエットのみの変化の方法を学ぶ。

B ひし形シルエット

施術のポイント

- 特にフロントビューを意識して、トップのレイヤーを数回に分けて入れる。
- コーナーのレイヤーで、全体のウエイトを調節してシルエットをつくる。
- 顔まわりは変化させずに、シルエットの変化で印象を変える。

A ミディアム

施術のポイント

- レングス設定は慎重に、数回に分けて行ない、切りすぎを防ぐ。
- レングスが変わったので、トップのレイヤーやバック〜コーナーのグラを入れ直す。
- ドライカットでは軽さを出しすぎないように、リードストロークを適度に入れる。

ロングレイヤーから「ミディアム」をつくる

レングスチェンジが伴う場合は、最初のレングス設定を慎重に行なうことが最重要。
スカルプチャーカットで何度も確認をしながら切る。ウエイト位置の変化にも気を配ろう。

(1)

三種の神技のロングレイヤーをウエットにし、現在のレングスを確認する。

(2)

最終的なレングスは台座の上だが、ドライ後、上に上がることも想定し、切り始めは台座の下から。

PROCESS
施術の順番

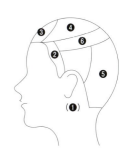

慎重にレングス設定をして、ラインを切った後、その長さに合わせてフロントサイド〜バングと切り、大まかな顔まわりの形をつくる。トップにレイヤーを入れた後に角をとり、バック〜コーナーのグラデーションを入れなおす。ドライカットでは適度に重さをとる。

(3)

右サイドからラインを切る。2で示した長さよりもやや長めにチョップカット。

(4)

逆サイドも3と同じく、示した長さよりもやや長く、残してチョップカット。

(5)

左右のラインを一度切ったら、鏡の前で現在の長さをチェック。バックの髪を一度よけると、より仕上がりをイメージしやすくなる。

(6)

もっと短いレングスを希望する場合は、3〜4で残した部分の半分程度をチョップカット。

(7)

再び、ラインのチェック。サロンワークでは、ドライにしたときにやや短くなることをお客さまに告げる。

(8)

7で示した長さに決定したら、サイドに合わせてバックのラインも切る。

(9)

レングスが変わったので、顔まわりもつくり変える。リップライン～前髪付近をつなぐように、フロントサイドにバックチョップを入れる。

(10)

バングは9のフロントサイドとつなげるように、目よりやや上の長さを目指してバックチョップでカット。

(11)

バングを切りすぎると大きく印象が変わってしまうので、ウエットではやや長さを残し、確認しながら切る。

(12)

トップにスライスをとり、オンベースに引き出してブラントカット。

(13)

髪が落ちる位置を確認しながら12を繰り返し、レングスに合わせたレイヤーの入れ方を決める。

(14)

トップに放射状のスライスをとっていき、バックチョップで13でできた角をとる。

(15)

バックに、グラデーションを入れ直す。パネルごとに髪を下に落としながら、低めの位置にウエイトができるようにチョップカット。

(16)

15同様、サイドにもスカルプチャーカットでグラデーションを入れ直す。

(17)

ウエットカット終了。やや重めなシルエットになった。

(20)

リードストロークを19の中間から毛先に入れ、軽くする。ひと束ごとに毛束を落とし、重さを確認。これを片サイドの数ヵ所で行なう。

(19)

サイドの、特に髪がたまっていると思われる箇所を探して毛束を引き出す。

(18)

ここから
ドライカット

ドライ後。全体が大きくふくらみ、重たい印象になっている。バングも、毛先が中途半端に目にかかっている。

(23)

左右のサイドを軽くした状態。必ずフロントビューで確認し、バランスを見る。

(22)

左サイドの施術が終わったら、右サイドも同様に、左に合わせてリードストローク。

(21)

左サイドを軽くした状態。鏡の前で確認し、足りなければ再びリードストローク。

(26)

バックの量感を調整し終わった状態。

(25)

ネープ付近の内側の髪を引き出して、細かくリードストロークを入れていく。毛流れを整えながら施術し、軽くしすぎないようにする。

(24)

バックも、サイド同様に重さがたまっている箇所を確認。

(27)

軽くなったサイドに合わせて、フロントサイドにも動きを出す。毛先中心にバックチョップで、求める質感を少しずつつくっていく。

(28)

右側を施術した状態。フロントビューを確認したら、右に合わせて左のフロントサイドにもバックチョップ。

(29)

目にややかかっているバングの長さを、バックチョップで少しずつ切りながら調節する。

CHANGE!

レングスチェンジが終了し、ブローで仕上げた状態。ウエイト低めなフォルムのミディアムが完成。適度な重さがありながら、顔まわりに動きが出ているため、スタイリングもしやすい。「ロングレイヤー」から雰囲気を変えたいときに使いやすいスタイル。

ロングレイヤーから「ひし形シルエット」をつくる

ドライカットだけでシルエットチェンジを行なう。
施術箇所をトップとコーナーに絞って、もともとのロングレイヤーのデザインを生かしつつイメージを変える。

(1)

ここからドライカット

鏡を見て、目指すひし形シルエットを想像して、ウエイト位置等を構想する。今回はあご下をイメージ。

(2)

トップにスライスをとり、オンベースで引き出す。目指す長さよりやや残してバックチョップでカット。

PROCESS

施術の順番

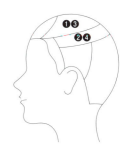

求める長さにトップを切った後、コーナーでフォルムチェンジを行なう。バランスを見て、より切ったほうがいいと思えば再びトップ〜コーナーの流れで施術。最後に、コーナーの範囲を広げてシルエットを強調する。

(3)

切り終わったらパネルをシェープして毛流れを整える。

(4)

パネルを左右に分けてゆっくり落として様子を見る。必要があればもう一度カット。

(5)

コーナーは、ウエイト位置に合わせて、リフトアップ気味に引き出す。

(6)

求める長さよりやや残してバックチョップでカットする。

(7)

ひとパネル切るごとに落ちる位置を確認する。

(8)

左コーナーが切れたら、右のコーナーも同様にカット。

(9)

左右のコーナーを切ったら、鏡でバランスを見る。

(10)

全体のシルエットも確認。

(11)

さらにレイヤーを入れたほうがよさそうなので、もう一度トップを切る。2〜4と同様、トップからパネルを引き出してバックチョップ。

(12)

1回目と同様、切ったパネルは左右に分けて落とし、バランスを確認する。

(13)

5〜8同様、トップに合わせてコーナーももう一度切る。

(14)

コーナーの左右のバランスも確認できたら、トップとコーナーの間にできた角をバックチョップでとる。

(15)

毛流れを整えたり動かしたりしながら、全体のシルエットを見る。

(16)

ひし形をさらに強調するため、コーナーの範囲を広げる。もともとのコーナーからさらに下へスライス幅を広げてパネルを引き出す。

(17)

パネルを徐々にリフトダウンしながらバックチョップでレイヤーを入れていき、先細りなシルエットをつくる。これを全てのコーナーで行なう。

(18)

もともとのコーナーと16〜17で広げた部分の間にできた角をとる。

(19)

18同様、逆側の角もとる。

(20)

最後に、バックのコーナーも角をとって終了。

CHANGE!

ブローして仕上げた状態。ほぼトップとコーナーの施術だけで、シルエットとイメージを変化させた。フロントビューを意識して、左右のバランスを重視しながらつくりあげたため、きれいなひし形シルエットになっている。

STYLE CHANGE 3

「ボブ」からの デザイン展開

三種の神技

三種の神技の中でも、もっともテクニックを必要としたボブスタイル。
前上がり・前下がりとラインを変える場合でも、細かいプロセスが必要となります。

Check!
「ボブ」は このように活用できる

ボブは、ラインや質感のつくり方次第でさまざまなイメージにつくり分けられる、美容師の本領が発揮できるスタイル。三種の神技のボブも、ラインの形や顔まわりの見せ方を変えていくことで、右の「型」とはまた違った表情を見せることができる。

B 前上がりボブ

施術のポイント

- 顔まわりの長さを決めたら、バングとフロントサイドを最初に切る。
- 顔まわりに合わせて、コーナー中心に切ってフォルムチェンジをする。
- 最後に、全体のバランスを見て質感や量感をつくる。

A 前下がりボブ

施術のポイント

- ラインの変更は、スカルプチャーカットで慎重に、少しずつ行なう。
- 前下がりラインに伴ない、バックのウエイトもやや上げる。
- ドライカットで量感・質感調整を細かく行ない、適度に軽くする。

A ボブから「前下がりボブ」をつくる

シャープで直線的なイメージが魅力的な前下がりボブは、ウエットで細かくカットしてラインをチェンジ。
前下がりの場合も、切りやすいバックからではなく、フロントビューから切っていくのがカーブドカット流。

PROCESS

施術の順番

はじめにデザインの要となる前下がりラインをつくる。左右、後ろと切ったらバックとサイドのレイヤーを切り直す。トップ～コーナーと切ってフォルムチェンジしたら、フロントサイドの形を整える。バングは、ドライカットでの量感・質感調整時にのみ切る。

(1)

三種の神技のボブをウエットにした状態。肩のやや上まで長さがある。

(2)

サイドの前下がりのレングスと角度を決める。1番レングスの長い顔側は、あご下3センチ程度の長さを想定。

(3)

2のラインを、想定よりもやや長めに、チョップカット。

(4)

1度切ったら、ドライ時のレングスを想定しつつ鏡で確認。お客さまへの施術なら、長さについて説明し、さらに切るかどうか決める。

(5)

2度目のチョップカット。2でほぼ想定した長さに近くなるまでカットする。

(6)

片サイドのラインを切り終わったら、鏡を見て確認。

(7)

レングスが決まれば、逆サイド（左）も右同様にイヤーツーイヤーから前を前下がりにカット。

(8)

左右のラインを切り終えたら、バックの髪をよけてフロントビューを鏡に映して確認。サロンワークではここで、お客さまにも確認をとる。

(11)

(10)

(9)

ボブの施術なので、バックを施術するときは上半分を軽く分けとっておく。

ラインを1周切り終わった状態。

前下がりラインの延長で、サイド〜バックのラインをチョップカットで水平につくる。

(14)

(13)

(12)

13の長さを基準に、バックに縦スライスをとってグラデーションカット。

12のパネルを落とした状態。バックのウエイトがやや上がっている。

正中線上からパネルをリフトダウン気味に引き出して、ブラントカットでやや角度をつけたグラデーションを入れる。

(17)

(16)

(15)

耳後ろは、切りすぎると隙間ができやすいので、やや長めに残してグラデーションを入れる。

14と同様、15を基準に下からつなげて縦スライスでグラデーションを入れる。

ダックカールを外し、バックの上半分を施術。正中線上に縦スライスをとり、12とつなげるようにブラントカットでグラデーションを入れる。

(20)

フロントサイドは変化したラインに合わせてレイヤー幅を拡げ、顔まわりの形をつくる。

(19)

コーナーにも、求めるウエイトに合わせてバックチョップでレイヤーを入れる。

(18)

トップにスライスをとり、求める長さに合わせてバックチョップでレイヤーを入れる。

(23)

ウエットカットが終了。ラインやフォルムを変えたことで、毛先が内側に収まるようなシルエットに仕上がっている。

(22)

2線目以降はバックチョップで、21で切った形を意識してカット。

(21)

1線目はRカットで、曲線的な動きをつくる。

(26)

引き出した毛束の中間から毛先にバックチョップを入れ、動きを出す。

(25)

バングに表情をつける。所どころから毛束をつまんで引き出す。

(24)

ここからドライカット

ドライ後。全体的に重さがあり、表面や顔まわりに動きが感じられない。

(27)

ひと束切るごとに、粗歯のコームで軽くコーミングして毛流れを整える。

(28)

いくつかの毛束を切った状態。動きが出てきたので、バングはここで終了。

(29)

フロントサイドはフォワード方向に持ち上げて、バックチョップで動きをつける。

(30)

同様に、サイドもフォワード方向へ持ち上げて切る。ただし、より流れるような動きをつくりたいため、リードストロークを使用。

(31)

左フロントサイド〜サイドを施術した状態。

(32)

逆側も、フロントサイドとサイドに、バックチョップとリードストロークで流れるような動きをつくる。

(33)

両サイドが終わったらトップも、バックチョップで切って動きを出す。

(34)

バックチョップとリードストロークで動きをつけた状態。まだ、重さと長さが残っているように感じる。

(35)

耳後ろを中心に、重さが残っている部分を探し、細かい毛束を引き出してリードストロークで量を減らす。

(36)

量を減らし、サイドから見た状態。

(37)

バックに、縦スライスでレイヤーのラインを崩さないようにバックチョップを入れて動きをつける。

(38)

ときどきリードストロークを混ぜると、より自然な仕上がりになる。

(39)

バックの、よりサイドに近い側を施術する時は、左右交互にバランスを確認しながら行なう。

(40)

バックも含め、量感を調整した状態。アウトラインを見ると、角が目立っている。

(41)

角が気になる部分を探しだし、内側から指で毛束をつまみ出す。

(42)

引き出した部分をリードストロークでカットし、角をとる。

(43)

フロントの調整。サイドやフロントサイドの、さらに動きをつけたい部分にバックチョップやリードストロークを入れる。

(44)

ひと束切るごとに軽くコーミングして毛流れを整える。

(45)

トップから手で動かして、バランスを見ながら切り進める。

(46)

毛流れの表情をつくりたいときは、シザーズを深めに入れてバックチョップ&リードストローク。

(47)

全てのドライカットの工程が終了した状態。フォルムを崩さないくらいの、程よい動きが全体に出た。

CHANGE!

切り終わった前下がりボブを、ブローで仕上げた状態。ほど良いライン感と、シャープなイメージを壊さないくらいの毛束感が表現されている。ボブらしい厚みも残されており、三種の神技のベースが生かされている。

ボブから「前上がりボブ」をつくる

やわらかい印象の前上がりボブは、ドライカットでスタイルチェンジ。
顔まわりから順にデザインをつくっていき、軽さのあるフォルムや質感をつくっていこう。

(2)

バングのレングスを短くする。縦スライスで細かいパネルを引き出し、バックチョップで両目が見える長さより少し長くカット。

(1)

顔まわりをあご下2センチくらいに設定するイメージで、チョップカットでラインを切る。

PROCESS

施術の順番

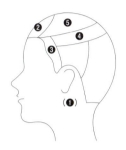

ラインをカット後、バングとフロントサイドを最初に施術して、前上がりらしい形をつくる。コーナー〜トップにレイヤーを入れなおしてフォルムチェンジをしたら、角をとりつつ質感や量感をつくって仕上げる。

(5)

毛先に、慎重にバックチョップを入れて長さを決める。2〜5を、バングの全体で行なう。

(4)

もう少し切りたければ、再度2のパネルを引き出す。

(3)

ひと束切ったら毛束を落とし、毛流れを整えて様子を確認する。

(8)

フロントサイドの2線目以降は、バックチョップでカット。

(7)

Rカットで、短くなったバングとバランスをとりながら顔まわりの形をつくっていく。

(6)

フロントサイドに移行。1線目はバングの延長線の長さを意識して引き出す。

(9)

顔まわりのカットが終わった状態。さらに、その他の部分も軽くしていく。

(10)

コーナーに、バックチョップでレイヤーを入れる。

(11)

縦スライスで、右・左・後ろと全体を施術。

(12)

コーナーを切り終わったら、髪を動かしてフォルムの状態を見る。

(13)

トップにレイヤーを入れる。後ろから、オンベースに引き出して、バックチョップでカット。

(14)

2線目も13同様にやわらかいラインをつくるため、ややテンションを緩めてカット。

(15)

3線目もさらにテンションを緩めてカット。

(16)

トップの髪を落として動かし、全体のバランスを見る。

(17)

トップとコーナーとの間にできた角を、毛先のバックチョップで削っていく。

(18)

フロントデザインとフォルムが完成した状態。ここから、質感やディテールづくりに入る。

(19)

毛先が重たいと感じる箇所には、バックチョップで不揃いさをつくる。

(20)

鏡を見ながら、ボリュームを落としたい箇所があったら、根元からのリードストロークで量感調整。

CHANGE!

完成した前上がりボブを、ブローで仕上げた状態。丸く、やわらかいフォルムと、動きのある毛先が囲む顔まわりが印象的。顔まわり以外は必要以上に動きを出しすぎず、軽さはありながらも落ち着いた印象に仕上がっている。

COLUMN 2

『La Bless』の
カット教育カリキュラム
カーブドカットが大活躍!

全てのスタイルが同じ切り方で、学ぶ側にも、指導する側にも効率的なカーブドカット。その長所を最大限に生かした、『La Bless』のカット教育カリキュラムを紹介します。

※1年目でカット以外のすべてを覚え、2年目からカットレッスンスタート

最短1年でカットを覚えてデビュー！

1 「三種の神技」① ➡ ショートレイヤー、ロングレイヤー
カーブドカットのエッセンスがすべて含まれているショートレイヤーと、サロンワーク使用率の高いロングレイヤーのプロセスを「1回切り」で練習。まずは型を覚える。

▼

2 ショートレイヤー5分切り
セイムプロセスカットの「型」を覚え、「1回切り」で制限時間内に形をつくれるかどうかをテスト

▼

3 「三種の神技」② ➡ グラデーションボブ
グラデーションボブは最後に学ぶ。前出の2スタイルと同様、「1回切り」でボブらしいシルエットがつくれるようになるまで、繰り返し練習し、プロセスを身体に記憶させる。

▼

4 カット&ブロー ➡ ショートレイヤー(25分)、ロングレイヤー(45分)、グラデーションボブ(40分)
型を覚えたら、スカルプチャーカットやミラーカットを意識して3スタイルを練習。最終的にブローまでを含めて、時間制限を設けて練習し、テストをクリアする。

▼

5 ウイッグによるデザインカット
➡ ショートスタイル、ミディアムスタイル、ロングスタイル、ボブスタイル、メンズスタイル
タイム制限なし、コピーカット、それぞれパーマのあり・なしの場合をマスター

▼

6 モデルカット(6人のみ)
➡ メンズスタイル(45分)、ショートスタイル(1時間)、
ボブスタイル(1時間)、ミディアムスタイル(パーマあり、2時間)、
ロングスタイル(コテ仕上げ、1時間)、ロングスタイル(パーマあり、2時間)
ウイッグの段階で、カーブドカットの基礎から応用までを効率的にマスターしているので、モデルでの練習は必要最小限。それぞれ、時間制限を設けた試験にクリアしたら、あとは現場で実践するのみ。

『La Bless』では、入社2年目から上記の要領でカーブドカットを教えています。アシスタントは最短1年で効率的にカットを覚え、早い段階でデビューします。カーブドカットは自由度の高い技術なので、皆、サロンワークの現場にも難なく対応できています。(木村)

CHAPTER

4

カーブドカットをサロンワークに活用しよう

自由につくり上げるサロンスタイル

ウイッグでの練習を終えたら、
いよいよ人頭でカーブドカットを実践します。
本章では3つのパターンをご紹介。
頭の形や髪質を見て臨機応変に技を生かしていきましょう。

REGULARS
1

常連のお客さまへの
カーブドカット
ショートでスタイルチェンジ

まずは、変化を望んでいる常連のお客さまへの施術例を紹介。
今の気持ちを探って、カーブドカットで理想のスタイルを仕上げていきましょう。
ショートレングスを細かく施術します。

施術の要望
今回は季節の変わり目。いつもと違ってスタイルチェンジをしたいというお客さま。ショート〜ボブの間で印象を変える方法を模索したい。

第一印象
ショートボブが伸びかけて、全体に重さを感じる状態。顔まわりや毛先にクセが目立ち、まとまらない印象。

来店状況
3年ほど来店し続けているお客さま。2ヵ月に1回の来店ペース。ショートボブやボブがお気に入りで、長さをキープし続けている。

▼

✓ 施術計画

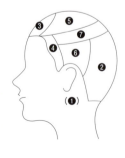

前上がりのラインを切ってサイドの長さを決めたら、バックのウエイトを上げる。バング〜フロントサイド〜トップと施術してフロントビューをつくったら、サイドやコーナーをはじめ、ウエットの段階で気になる部分を調整。その後、ドライカット。

BEFORE

やや髪が太目で、しっかりしている。毛量は多め。前髪や毛先付近のクセが強い。スタイリング時にまとまりにくく、ボリュームが出やすい状態。バックに、もともとのショートボブのウエイトがやや残っている。

カウンセリング
Counseling

お客さまとの関係性や、会話から読み取れる情報量によって、段階を踏んでカウンセリングを進めます。
場所を変えながら、深く要望を探っていきます。

(3)

木村さん「長さを短くして、シルエットも変えて、ショートっぽいイメージにしましょうか。たとえばこのくらい……」

(2)

大きなスタイルチェンジを伴う場合や初来店のお客さまの時は、鏡の前に移動してカウンセリングを続ける。
木村さん「パートをぼかして、前髪をつくってみましょう!」

(1)

最初に、扱いにくい部分や基本的な要望を聞く。
お客さま「前髪がまとまりにくいのが悩みです。イメージチェンジがしたい」

(6)

切った後のボリュームやフォルムの変化についても、あらかじめ伝える。
木村さん「クセをおさえて、こんな風にスッキリさせます」

(5)

シャンプー後、具体的な施術のポイントを説明。
木村さん「今日は、まずこのくらいに長さを切ってから、後で前髪の形を考えましょう!」

(4)

お客さま「この長さだったら大丈夫です」
長さの変化はカウンセリング時に明確に示しておくと、後の施術がスムーズ。

PROCESS
リップラインの長さまで慎重に切る

(1)

ウエット後の状態。やや前下がりのラインで全体に縦長な印象。

(2)

あごラインをコームで指し示し、「だいたいこのくらいの長さを目指します」と、お客さまに説明。

(3)

2で提示した長さよりも1センチほど長めに、やや前上がり気味にチョップカット。

(4)

「乾かした時に毛先が上がるので、少し長めに残しています」と説明。もう少し切るかどうかを確認する。

(5)

お客さまの意見を聞いて、再びラインをカット。今度は2で見せた長さよりも5ミリ程度長く残して切る。

(6)

切り終わって、ラインを再びお客さまに確認。まずは、このラインが似合うことを伝えた。

(7)

ラインの基準が決まったので、逆側もカット。

(8)

後ろのラインを切る前に、フロントからの見え方を確認する。「今回は切ったほうがすっきりしてイメージチェンジできます」

(9)

確認できたので、横のラインに合わせて後ろも前上がりにブラントカット。少し重すぎるようなら、チョップカットで軽さを加える。

PROCESS
バックのウエイトを上げてフォルムチェンジ

(10)

ボブレングスなので、表面の髪を例外的にダックカールで留めておく。粗歯のコームでラウンドシェープして髪の落ちる位置を見る。

(11)

バックの、正中線上に縦スライスをとり、グラデーションを入れる。求める長さよりやや長めに残してブラントカット。

(12)

1回切ったら、パネルを落とし、手で動かして髪の収まりを見る。

(13)

もう1回、2回……と繰り返し、求める長さに近づける。

(14)

正中線上の1線目が切れたら、再び手で動かしながら、その収まり方を確認する。

(15)

11～14と同様に、バック全体にグラデーションを入れる。サイドと接する部分では、パネルを後ろへ引いてセーフティーカット。

(16)

バック全体を切ったら、全体をシェープしたり動かしたりしながらバランスを最終確認。

(17)

ダックカールをはずし、再び正中線上から縦スライスをとっていく。11～16とつなげるように、バック全体の上半分にレイヤーを入れる。

(18)

バックのカットが終了し、ウエイトがつくられた状態。

PROCESS

バングはフロントサイドとのバランスを見て

(19)

一度前髪をすべておろす。パートをなくして前髪をつくったほうがクセが目立たず、顔が明るく見えて、収まりが良くなることを説明。

(20)

バングは目の上ギリギリの長さを目指すことに。細い毛束を引き出してバックチョップでやや長めにカット。

(21)

一度、予定の長さよりも長くバングを仕上げた状態。「顔まわりとのバランスを考えてもう1回様子を見ましょう」と伝え、保留。

(22)

一担、フロントサイドのカットに移行。バックチョップでノーズ～フェイスラインの範囲にレイヤーを入れる。1パネル目のみ、前髪の長さを意識。

(23)

フロントサイドとのバランスを見ながら、お客さまに確認しつつ、バングを当初の予定の長さにさらに近づけてもう一度切る。

(24)

切り終わったら、軽くシェープして落ちる位置を確認。

(25)

確認ができたら、トップにスライスをとり、**24**の位置を意識してバックチョップでレイヤーを入れる。

(26)

トップとバングの毛流れを確認後、コーナーを広げるようにバックチョップでレイヤーを入れ、丸みをつくる。

(27)

フロントビューのデザインが完成。

PROCESS
気になる箇所を個別に修正

(30)

今回、仕上がりは左パートを想定している。バングを右方向へ流すことを想定し、適切な長さになっているか確認。

(29)

チョップカットで毛先にのみレイヤーを入れる。バランスを見ながら、左右のサイドを施術。

(28)

ラインを切った時に、長く残していたサイドにやや重みを感じることをお客さまに説明。

(33)

フロントサイドからパネルをとり直し、クセが気になる部分のみ毛先にバックチョップを入れて調整。

(32)

フロントサイドに収まりの悪い箇所を発見。表(おろした状態)と裏(流した状態)での様子を確認し、クセの強い箇所を見極める。

(31)

毛流れの起点を短くして、流しやすくする。パート付近から毛束を引き出してバックチョップ。

(36)

耳後ろとバックに毛量が多い部分が見つかったので、リードストロークで毛量調整。

(35)

パートをしっかりつけたくないので、トップのパート上にパネルをとり、バックチョップでレイヤーを入れてぼかす。

(34)

33に合わせて、逆フロントサイドにもバックチョップを入れてバランスをとる。

PROCESS
ドライカット

(37)

ここからドライカット

ウエットカット終了（右2点）後、ドライ（左2点）。ウエイト位置はねらい通りだが、ドライ後は毛量が多く見え、全体的に毛先に重さを感じる。また、サイドから見た時の立体感が足りない。

(40)　　(39)　　(38)

バックの、ネープ付近のみリードストロークを入れて締め、サイドビューに立体感をつくる。

トップからスライスをとり直し、バックチョップでレイヤーを入れて表面に動きを出す。

内側、特に耳後ろやサイドを中心に、リードストロークで毛量を減らすとともに、毛先に動きをつくる。

(41)

全てのカット工程が終了。丸みのあるシルエットが特徴的な女性らしいショートヘアに。バランス良く切られた毛先の動きが、特に顔まわりを引き立てて見せている。

FINISH!

― まとめ ―

実際のサロンワーク、特にショートヘアでは、
あらかじめ予定を決めて切る部分（ラインやフォルム・ウエイトの設定）と、
現場で判断してその都度行なう施術（P87など）の使い分けが重要。
カーブドカットの基本を自在に使えるよう、練習して臨もう。

COMING
2

初来店のお客さまへのカーブドカット
ミディアムでシルエットチェンジ

初めて施術するお客さまには、好みを探りながらも、ちょっとした変化を感じさせて、
自分のファンになってもらいたいもの。カーブドカットでは、その絶妙なラインを実現することができます。

施術の要望
「前髪は絶対に短くしたくない」「これからは重めにしていきたい」の2つがおもな要望。シルエットの変化を実感してもらうのがよさそう。

第一印象
肩下レングスのセミディが伸びかけた状態。顔まわりにレイヤーが入り、毛先が軽い。服装&ヘアともにコンサバな印象。

来店状況
今回が初来店。特に指名はないフリー客。これまで2年程度通っていたサロンがあったが、ポータルサイトを見て気になり来店。

カウンセリング
Counseling

木村さん「分け目はセンターが好きですか？」
お客さま「はい、そのほうが似合うので」
木村さん「サイドパートもお似合いですよ」

トップにボリュームを出すためサイドパートに。レングスをあまり切りたくない方なので、パートやバングで変化をつける提案をした。

施術計画

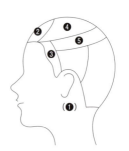

慎重にライン設定後、バングとフロントサイドをつなげながら切り、顔まわりをデザインする。トップとコーナーの角を削って厚みを出し、シルエットに変化を加える。さらに、ドライカットで毛先の動きをつくる。

BEFORE

髪は細く、やわらかめ。全体的にボリュームが出にくく、特にトップがつぶれやすい（パートも割れやすい）。また、右サイドにハネるようなクセがある。

PROCESS
ライン設定は要望を反映して

(1)

切り始める前に、希望のレングスをお客さまに確認する。

(2)

左サイドのレングスを、少し長め（今回は2センチほど）に残して、ラインをチョップカットで切る。「2センチ残して切っています」と伝える。

(3)

切ったラインをお客さまに見せ、コームで最終的に切る予定の位置を示しながら「もう1センチ切ったほうが似合いますよ」と提案。

(4)

チョップカットで1センチ残してカット。お客さまに確認し、レングスが決定。

(5)

右サイドのラインも、左を基準にカット。逆と同じ長さに切るだけだが、切りすぎを防ぐために必ず2回に分けてカットする。

(6)

バックのラインを切る時は、髪を胸前に持ってきて「このラインで切ります」と確認し、お客さまに安心してもらう。

(7)

サイドのラインよりもやや前上がり気味にチョップカットし、後ろを長く残す。カットは胸前で行なう。

(8)

1度バックの髪をすべて後ろに流し、バックのラインの中心にできた角を、チョップカットでぼかす。

(9)

バックの左右の髪を再び胸前に出し、「鎖骨よりも長く残しています」と伝える。

PROCESS
顔まわりも、細かく確認しながら進める

(10)

バングを流すデザインだからと、切る理由を説明。ヘビーサイドから切りはじめる。パネル幅を大きく、フロントサイド1線目までとり、パート側からバックチョップ。

(11)

切りながらパネルを倒し、フロントサイドにかけて長くなるように切り進める。例外的に、バングとフロントサイドを続けて施術。

(12)

切ったパネルを一度お客さまに見せて確認。つなげるため、もう少し切る必要があることを伝える。

(13)

10〜11の作業をもう一度繰り返す。

(14)

仕上がった顔まわりをお客さまに見せて、確認。ヘビーサイドのデザインが完成。

(15)

ライトサイドも、10〜14同様にバング〜フロントサイドまでつなげてバックチョップ。

(16)

左右均等にデザインされていることを確認する。

(17)

2線目は、バックチョップで1線目に覆いかぶさるような毛束をイメージしてカット。3線目は重くしたいのでリフトダウンして切る。

(18)

フロントサイドもすべて切れたら、顔まわり全体のデザインをお客さまに見せて確認。

PROCESS
重さをつくって、シルエットをチェンジ

(21)

バックチョップで角をとり、重さをつくる。19〜21を、パートの左右それぞれ3パネルずつ行なう。

(20)

顔まわりの髪の長さや動きを意識しつつ、残したい部分をややリフトダウン気味にカット。

(19)

トップは、パートからの毛流れを意識してつくりたいので、フロント側からパネルを引き出していく。顔まわりに向かって、パネルを落とす。

(24)

コーナーを1周、切る。23同様にカット。

(23)

22の角をバックチョップで削り、フラットにして厚みと重さを出す。

(22)

コーナーからパネルを引き出すと、かなり目立つ角ができている。

(25)

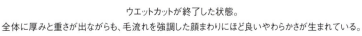

ウエットカットが終了した状態。
全体に厚みと重さが出ながらも、毛流れを強調した顔まわりにほど良いやわらかさが生まれている。

PROCESS
ドライカット

(28) (27) (26)

 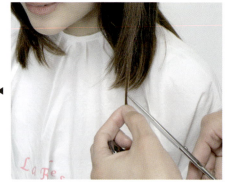 

ここからドライカット

27に、時折バックチョップを織り交ぜ、動きが単調にならないようにする。

全体の毛先がやや硬い印象なので、リードストロークで動きを出す。シザーズを動かす幅は狭めに、繊細に行なう。

ドライ後、パートから髪をかき上げ、どの程度動きを出したら良いかをイメージする。

(31) (30) (29)

最後にフロントビューを確認。ヘビーサイドがやや重く感じられたので、リフトアップしてバックチョップで調整。

バックも、バックチョップで毛量調整。切る前に髪を見せ、「髪が集まって、色が濃いのがわかりますか？ 内側だけ少し減らします」と確認。

かき上げた時に毛流れができるよう、バングの毛量がたまっている箇所を探して、バックチョップで毛量調整。

(32)

ドライカット終了。
重さを残したまま、全体の毛先と顔まわりに動きが生まれ、トップにはボリュームが出た。

FINISH!

まとめ

重くしていきたいというお客さまに対して、
要望をかなえつつも、動きの感じられる＋αの提案ができた。
初来店の方やレングスが長めの方には特に、
カット中の確認を細かく行ない、安心感を持ってもらおう。

REPEAT

リピートのお客さまへの
カーブドカット

ロングでレングスをキープ

サロンワークの現場で多い、「レングスをキープする」要望。
そんなお客さまにも、飽きのこない提案をして、今後のさらなるリピートにつなげたいものです。

施術の要望
今回も以前と同様「長さを変えたくない」というオーダー。また、毛先のダメージをかなり気にしており、収まりを良くしたいとのこと。

第一印象
前回から長さがさらに伸び、胸までのレングス。前回のヘアカラーの明るさと、それ以前のパーマが残っており、動きのある印象。

来店状況
今回で2回目のご来店。髪を伸ばしている途中のため、前回は「長さを変えたくない」というオーダーを受け、ヘアカラー中心の施術にした。

▼

カウンセリング
Counseling

木村さん「左より、右に分け目をつくると似合いますね」
お客さま「でも、左の方が安心できるんです」
木村さん「それなら、左右どちらもいけるスタイルにしませんか？」

冒険したくないお客さまなので、2WAYの要素を取り入れて、自分の意思でデザインの幅を広げられるスタイルに。また、「首のラインがきれい」などの長所を見つけ、そこを生かす提案をした。

施術計画

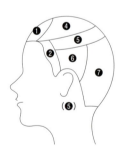

デザインポイントとなるバングから施術スタート。バングの範囲を広げてから長さを切り、バランスを見てフロントサイドを切る。レングスはほぼ切らずにラインを前上がりにカットし、フロントに合わせてトップとコーナーを切って全体に毛流れをつくる。バックの毛先のニュアンスをつくったら、ドライカット。

BEFORE

毛量はやや多めで太さはふつう。やや硬い。トップがつぶれがちで、特にサイドから見た時のフォルムが四角く、やわらかさに欠ける。

PROCESS

デザインポイントのバングからつくり始める

(1)

バングの範囲を広げる。ほしい範囲のトップの髪をとり、バングと合わせてバックチョップでカットして、目にかかる程度の長さにする。

(2)

バングに設定した部分を一度おろし、求める長さをお客さまに確認。目にややかかる程度まで調整することに。

(3)

バング全体をバックチョップで、求める長さに切る。

(4)

できあがったバングをお客さまに見せ、右パートが似合うことを確認する。そことバランスをとるためにフロントサイドを切ることを伝える。

(5)

左右のフロントサイド1線目をバックチョップでカット。

(6)

切るたびにフロントサイドの長さを確認。最終的に、リップラインに設定。

(7)

確認後、2線目も1線目よりやや長めにカット。

(8)

片側を切ったら必ず片側を切って……と繰り返して、常に左右のバランスを見ながら切り進める。

(9)

3線目も2線目よりやや長めに、左右交互にカットしていく。顔まわりを切り終えたら、仕上がりをお客さまに確認する。

PROCESS
「ロングのイメージを崩さない」ことをアピール

(10)

ラインはやや前上がりに設定。フロントの起点となる長さを指し示し、お客さまに確認する。

(11)

10で示した位置よりも2センチほど長さを残して、左サイドのラインをチョップカットで前上がりに切る。

(12)

長く残してカットしたこと、ほぼ長さが変わっていないことをここでアピール。さらに、もう1センチ切っても良いか確認する。

(13)

確認がとれたので、もう1センチほど長さを切る。

(14)

バックの髪を胸前に出し、サイドの延長で前上がりにする旨を伝えた後、チョップカットで切る。

(15)

左全体のラインの仕上がりをお客さまに見せる。

(16)

確認後、右のラインも10〜14同様に切る。必ず、右と同様に2度切りのプロセスを踏む。

(17)

左右のラインに合わせて、バックにできた角をチョップカットで削る。

(18)

すべてのラインを胸前におろし、お客さまに見せて安心してもらい、毛先にツヤが出たことを納得してもらう。

PROCESS
ディテールを細かくつくり上げていく

(21)

フロントビューを確認したところ、フロントサイドの動きが足りなかったので、Rカットで形をつくる。「顔を明るく見せます」とお客さまに説明。

(20)

19で切った部分を落としたところ。角を取りながら毛先に動きを出し、やわらかさをつくる。

(19)

トップに横スライス、続いてコーナーに放射状スライスをとってパネルを引き出していき、毛先にバックチョップを入れる。

(24)

サイドにバックチョップで動きを出す。フロントサイドの2～3線目を覆うような毛流れを意識し、パネルはフォワード方向に引き出す。

(23)

逆側も21～22同様に施術(右)。切ったら、必ず左右でバランスがとれているかを確認する(左)。

(22)

フロントサイドの中で重い部分は細い毛束を引き出して毛先にバックチョップ(右)。カット後はサイドをすべて胸前に出して確認(左)。

(27)

ウエットカット終了。長さはほぼキープしつつ、流れのあるバングと動きのある前上がりのライン、適度な厚みをつくった。

(26)

バックにも、バックチョップで動きを出す。必ずお客さまから見える位置でカットする。

(25)

1線切るたびにパネルをおろし、カットオンしていく。毛流れを確認しながら行なう。

PROCESS
ドライカット

(30)

トップの髪を1度持ち上げて落とし、動きの状態を見る。

(29)

フロントサイドをフォワード方向に引き出し、バックチョップで毛先に動きを出す。

(28)

ここから
ドライカット

ドライ後。トップがややつぶれているのと、顔まわりの動きが硬いのが気になる。

(33)

バックの毛先にバックチョップを入れて、顔まわり同様に動きを出す。

(32)

こめかみに、髪がたまる箇所を発見。バックチョップを細かく入れて取り除く。

(31)

バックチョップでトップに動きをつける。再び30のように動かして、ふんわりとした形がつくれたらOK。

(34)

ドライカット終了。
軽すぎないボリューム感と、顔や首まわりをきれいに見せるフロントデザインが特徴的。

FINISH!

まとめ

バングを深くとり、シンメトリーに切ったので、
左右どちらのパートにも対応できる遊びのあるデザインに。
お客さまがあまり変化を望んでいないときは、
まずは施術の繊細さをアピールして違いを感じてもらうのがベスト。

カットを勉強中の方へ

カットって難しいと感じていませんか？ 僕の知る限り、ヘアデザイナーになりたくてなれなかった人はこの世の中にいません。カットは本来、難しいものではないのです。カーブドカットは、全てのヘアデザインを1つの切り方で切るシンプルな技法。極端な例で言えば、ワンレングスも縦スライスで切れます。カットが分からないと頭を抱える前に、とにかく3種の神技で切ってください。繰り替えし練習して覚えれば、きっと、カットとは何か分かるはずです。

EPILOGUE

カーブドカットを活用するために
木村博次からのメッセージ

Message to you

最後までご精読いただき、ありがとうございました。これまで学んできたカーブドカットは、あらゆる立場の美容師に、それぞれのステージにふさわしい成功をもたらしてくれるはずだと信じています。

サロン経営者の方へ

美容師に、「カットで幸せを感じてもらいたい」ために、僕はカーブドカットを完成させました。この技術をマスターすれば、サロンワークが楽しくなり、成績も必ず上がります。なぜなら、とことんお客さま目線に基づいた技法だからです。習得すると、お客さまの心理状態が手に取るように伝わり、美容の喜びを感じられるようになります。そしてスタッフの離職が減り、サロンに笑顔と活気が生まれます。本書が、繁盛店をつくるための一端を担うのであれば幸いです。

カットを教える立場の方へ

カットはサロン運営の要。サロンの繁栄はトレーナーの力量で決まると言えるでしょう。僕の経験上、指導者がカットを100％理解していたとして、伝わるのは80％程度。だから、まずはあなたが率先して誰よりもレッスンし、技術に強い自信を持ってほしいのです。その方法は本書ですべてお伝えしたつもりです。そして後輩に指導する事は、自分自身にとって一番の「学び」になります。その事をいつも忘れず、愛のあるトレーナーになってほしいと思います。

PROFILE

木村博次

きむら・ひろつぐ／1970年生まれ。大阪府出身。美容専門学校在学中に「カーブドカット」の基礎理論を考案。'99年に独立し『La Bless』設立。全国でカーブドカットのセミナーを実施し、過去1万人の美容師に指導。アジア各国からの依頼も多数。現在はカーブドカットを軸にした経営で、技術客単価13,000円、1人当たり技術生産性100万円を達成。大阪市内(梅田、心斎橋、天王寺、住之江)に大型サロン5店舗をスタッフ85人で展開。

SPECIAL THANKS

hair design_Hirotsugu Kimura[La Bless]
make-up_Mizuki Tanaka[La Bless](P.089)
　　　_Miho Onishi[La Bless](P.095)
　　　_Juri Mataki[La Bless](P.101)
photo_Kei Fuse[JOSEI MODE]
book design_Tsurimaki Design Studio
ウイッグ協力_ユーロプレステージ
special thanks for La Bless Family_
Daisaku Ueno　Yoshikazu Edo　Kazuaki Suzuki
Hiroshi Yamada　Yuya Kada　Juri Mataki
Miho Onishi　Mizuki Tanaka　Miho Ikeda

THE CARVED CUT
～お客さまとの絆をつくる、新発想のカット技法～

2016年6月25日 初版発行
定価:本体3,200円＋税

著　者　　木村博次[La Bless]
発行人　　寺口昇孝
発行所　　株式会社女性モード社
〒161-0033　東京都新宿区下落合3-15-27
TEL.03-3953-0111
FAX.03-3953-0118

〒541-0043　大阪府大阪市中央区高麗橋1-5-14-603
TEL.06-6222-5129　FAX.06-6222-5357

http://www.j-mode.co.jp/

印刷・製本　株式会社千代田プリントメディア

©La Bless CO.,LTD.2016 Published by JOSEI MODE SHA CO.,LTD
Printed in JAPAN 禁無断転載